Natalie Faßmann

NATUR GARTEN

EINFACH MACHEN!

Vielfältige Lebensräume für Igel, Wildbiene & Co. gestalten

Erst kommt die Praxis, dann das Beobachten, Lauschen, Kosten ... Hier geht's auf direktem Weg zum Naturgarten mit all seinen Facetten. Tiere und Menschen wird's freuen!

Aller Anfang ist leicht!

Beim Gartenanlegen macht eigentlich alles Freude. Von der sorgfältigen Planung dessen, was entstehen soll, über die handfeste Buddelei bis zum fertigen Stück Garten. Und noch mehr Spaß macht es, wenn man weiß, wie man es richtig anpackt. Denn so sehr man aus Fehlern lernt, ein paar davon kann man sich wirklich sparen.

Auf den nächsten Seiten erfahren Sie, welche Lebensräume Sie in Ihrem Naturgarten einrichten können. Und ein paar Fakten, Hintergründe, Geschichten und Tipps, an denen Sie auch Ihre Freude haben werden. Oder die vielleicht Inspiration für Neues sind!

DAS NATUR-GARTEN-PLUS

Nicht nur wir Menschen finden in einem Naturgarten Ruhe und Kraft. Auch für die heimische Tierwelt gibt es verschiedenste Lebensräume, die der Natur abgeschaut sind. Laden Sie die Natur ein, in Ihrem Garten heimisch zu werden!

Naturgarten und Biogarten sind sich sehr ähnlich. In beiden verzichtet man auf künstliche Dünger und chemische Pflanzenschutzmittel, verwendet also nur natürliche Zutaten. Und in beiden siedeln sich im Lauf der Zeit Insekten, Vögel und andere Tiere an. Doch es gibt einen kleinen, aber feinen Unterschied. Der Naturgärtner verschiebt die Perspektive von den Pflanzen in Richtung Natur und Tiere. Er richtet Lebensräume nach dem Vorbild der Natur ein, um gezielt bestimmte Tiergruppen wie Wildbienen und Hummeln, Singvögel, Frösche und Kröten, Eidechsen oder Fledermäuse anzusiedeln. Er achtet darauf, was die Tiere brauchen, damit sie sich wohlfühlen, und passt seinen Garten dementsprechend an. Kurz: Ein Naturgärtner schwingt im Rhythmus der Natur, beobachtet viel und erkennt Zusammenhänge. Er lässt der Natur freien Lauf und greift nur dann ein, wenn es nötig ist.

Lebensräume schaffen und verbinden

Auch wenn man sich viel Mühe gibt, kann man die Natur nicht 1 : 1 im Garten nachbilden. Es gibt zu viele Verkettungen zwischen Tieren, Pflanzen und Umwelt, die wir nicht sehen und von denen wir vielleicht noch gar nichts ahnen. Darum wird auch ein Naturgarten immer ein Stück künstliche Natur bleiben. Wir können uns der Natur jedoch soweit annähern, wie es geht, und Tiere einladen, in unseren Gärten zu Gast zu sein. Auf den nächsten Seiten erfahren Sie mehr über die verschiedenen Lebensräume, die Sie in Ihrem Garten gestalten können. Einige davon werden Sie in der einen oder anderen Form schon haben, wie eine Hecke, einen Teich oder eine Staudenrabatte. Die können Sie naturnah aufpolieren.

Doch es reicht nicht, Lebensräume wie Perlen auf einer Kette im Garten aufzureihen. Sie sollten ineinander übergehen. Denn auch in der Natur sind Lebensräume oder Biotope immer miteinander verbunden, sodass die Tiere zwischen ihnen hin- und herwandern können. Es gibt sogenannte Brücken oder Trittsteine, die den Wanderern Schutz und Nahrung gewähren, etwa den Kröten, die Gewässer nur zum Ablaichen aufsuchen. Die restliche Zeit verbringen die Amphibien in Hecken oder in nicht so aufgeräumten Gartenecken. Wenn

← Der heimische Weißdorn gehört für unsere Singvögel zu den Top 10 der beliebtesten Gehölze. Denn wenn die Bienen fleißig die Blüten im Frühjahr besuchen und bestäuben, gibt es im Herbst rote Früchtchen en masse.

Bienen, Wildbienen und Hummeln sei Dank können wir von unseren Obstbäumen viele schmackhafte Früchte ernten. Bieten Sie den Insekten aber auch im Sommer ausreichend Blütennahrung in Ihren Stauden- und Wildblumenbeeten. →

nun der Teich in der Nähe einer Hecke liegt, machen Sie es den Kröten einfacher, ihren Nachwuchs an den Start zu bringen, und sie werden sich bei Ihnen häuslich einrichten. Ebenso verhält es sich mit Nistkästen und Insektenhotels. Auch diese Elemente brauchen die Anbindung an einen vogel- bzw. wildbienenfreundlichen Garten. Denn wegen eines Insektenhotels allein werden nicht mehr Wildbienen bei Ihnen umherschwirren. Auch der Rest muss stimmen: Wildbienen brauchen Nahrung für sich, also Blüten, und sie brauchen Nahrung für den Nachwuchs in Form von Pollen und Nektar. Wenn es das nicht gibt, werden auch die Wildbienen ein noch so liebevoll gebautes Insektenhotel nicht annehmen.

Permakultur zum Anfassen

Die Natur zu beobachten, Zusammenhänge wahrzunehmen und in einen Lebensraum umzusetzen, das ist ein Stück Permakultur. Es geht unter anderem darum, mit den gegebenen Rahmenbedingungen zu arbeiten und den Garten nicht komplett umzukrempeln. Es ist eine sanfte, natürliche Art zu gärtnern. Der Begriff Permakultur ist noch gar nicht so alt. Er wurde Ende der 1970er-Jahre von den Australiern Bill Mollison und David Holmgren aus den beiden englischen Wörtern „permanent“ und „agriculture“ zusammengesetzt. Dahinter stand und steht die Vision, Lebensräume für Menschen, Pflanzen und Tiere so stabil und ökologisch zu gestalten, dass ein sich selbst regulierendes System entsteht, das dauerhaft funktioniert und mit minimalen Eingriffen durch den Menschen auskommt. Dieses Konzept an sich ist nicht neu, die beiden Australier gaben ihm nur einen griffigen Namen. So oder so ähnlich wird es schon seit Jahrtausenden angewendet. In einem Naturgarten findet schon sehr viel Permakultur statt, ohne dass Sie es ahnen. Nun können Sie es auch bewusst angehen, indem Sie zum Beispiel den Boden mulchen oder die Pflanzen durch den Garten wandern und sich dort ansiedeln lassen, wo sie die besten Standortbedingungen finden. Vertrauen Sie darauf, dass sich ein natürliches Gleichgewicht einstellt und Schädlinge wie Blattläuse und Schnecken von ihren Gegenspielern in Schach gehalten werden. Fördern Sie Vielfalt, indem Sie beispielsweise Unkräuter als wichtige Wildpflanzen anerkennen und dort tolerieren, wo sie nicht stören.

Eine Handvoll Erde verrät Ihnen schon so einiges über Ihren Gartenboden. Dessen Eigenschaften sind zwar vorgegeben, lassen sich jedoch mit Kompost und anderen Mitteln verbessern.

Heimisch oder nicht-heimisch?

Versuchen Sie mit Materialien aus Ihrer Region oder sogar aus Ihrem Garten zu arbeiten. Denn wenn die Transportwege für Steine und Co. nicht so elend weit sind, schont das die Umwelt. Und eine Trockensteinmauer aus regionalen Steinen fügt sich auch besser in Ihren Naturgarten ein.

So lautet für viele Bio- und Naturgärtner die Frage. Der Definition nach ist heimisch, was in unseren Breiten schon vor dem Jahr 1492 wuchs, also bevor Christoph Kolumbus Amerika entdeckte. Darüber hinaus gibt es die eingebürgerten Pflanzen, die nach 1492 zu uns kamen und sich bei uns so sehr etabliert haben, dass sie in der Natur ohne Hilfe überleben würden. Die heimischen Arten haben immer einen Heimvorteil: Sie sind nicht nur an die regionalen Standortbedingungen besser angepasst, sie haben auch eine engere Beziehung zu Insekten und Tieren, die die Blüten bestäuben und die Samen verteilen. In Gärtnereien und Baumschulen finden Sie aber auch viele Arten aus Nordamerika und Asien, die unter unseren Klimabedingungen gut zurechtkommen und auch der Tierwelt Gutes bieten, wie etwa die Mahonien.

Wie streng Sie die Frage heimisch oder nicht-heimisch in Ihrem Naturgarten handhaben, bleibt Ihnen überlassen.

ACHTUNG, INVASIVE NEOPHYTEN!

Manche der nicht-heimischen Arten kommen bei uns so gut klar, dass sie sich ungehindert ausbreiten, wenn sie den Sprung über die Gartengrenze in die Natur schaffen. Mit ihrem raschen Wachstum und nur wenigen natürlichen Feinden verdrängen sie heimische Arten. Zu diesen invasiven Neophyten gehören unter anderem Robinie, Kanadische Goldrute und Drüsiges Springkraut. Achten Sie bei diesen Arten darauf, dass Sie die Blütenstände kappen, bevor Samen gebildet werden.

Nachhaltige Materialien

Nachhaltig bedeutet, dass wir darauf achten, wo unsere Produkte herkommen, wie sie produziert und transportiert wurden. Darum sind regionale Produkte auch nachhaltiger als solche, die lange Transportwege hinter sich haben. Ich möchte Sie dazu ermuntern, genau hinzuschauen, was man Ihnen da in Gärtnereien und Baumärkten, Gartenmöbelmärkten und Discountern verkaufen will.

HOLZ

Bei Gartenmöbeln und Terrassen aus Holz vertraute man früher vor allem auf Tropenhölzer wie Teak, Bangkirai und Eukalyptus. Heute sind europäische Holzarten wie Lärche, Robinie und Eiche gefragt, denn dank neuer Verfahren sind diese genauso langlebig und robust. Achten Sie beim Holzkauf auf die Gütesiegel von „Forest Stewardship Councel" (FSC), „Programme for the Endorsement of Forest Certification Schemes" (PEFC) und Naturland. Sie stehen dafür, dass wirtschaftlich, sozial und ökologisch nachhaltig produziert wird. Eine Holzalternative sind neue Werkverbundstoffe aus Holzmehl und Kunststoff (WPC), die witterungsbeständig und pflegeleicht sind.

NATURSTEINE

Steine aus regionalen und europäischen Räumen sind sehr teuer. Darum werden wegen der großen Nachfrage immer mehr Steine aus dem Fernen Osten, meist China oder Indien, importiert, meist auf Kosten von Sklaverei und Kinderarbeit. Zudem sind die Transportwege sehr weit.

Fragen Sie Ihren Steinhändler nach diesen Gütesiegeln: „Win=Win Fair Stone", „XertifiX" und „TFT Responsible Stone Program". Dann werden die Steine unter fairen Arbeitsbedingungen abgebaut und verarbeitet. Preiswerter wird es, wenn Sie Natursteine und Mauerziegel aus dem Abriss wiederverwenden. Und sehen Sie sich auch mal die Betonsteine an: Sie werden meist vor Ort in Betonwerken hergestellt, haben daher keine langen Transportwege, und sie sehen dank eingestreutem Natursteinmehl den echten Natursteinen sehr ähnlich.

Lernen Sie Ihren Garten kennen

Klima und Boden gehören zur Grundausstattung Ihres Gartens und können nur bedingt geändert werden. Lernen Sie darum diese Eigenschaften Ihres Standorts besser kennen, bevor Sie mit der Gestaltung der einzelnen Lebensräume beginnen. Mit diesem Wissen können Sie den Pflanzen die besten Start- und Wachstumsbedingungen bieten. Und wenn es den Pflanzen gut geht, finden sich auch bald Tiere ein und nehmen Ihren Garten als Wohnraum an.

Was kann Ihr Gartenboden?

Der ideale Gartenboden ist lehmig, denn er hat eine ausgewogene Mischung aus Sand, Schluff und Ton. Deshalb kann er gut Wasser speichern, ist gut durchlüftet, nährstoffreich, gut bearbeitbar und durchwurzelbar. Je sandiger ein Boden ist, desto weniger Wasser und

Nährstoffe kann er speichern. Böden mit einem hohen Tonanteil haben meist einen hohen Nährstoffgehalt und können sehr gut Wasser speichern. Das ist jedoch nur bedingt für die Pflanzen verfügbar. Zudem sind sie schwer bearbeitbar.

Die Eigenschaften Ihres Gartenbodens sind zwar gesetzt, mit Bodenverbesserungsmaßnahmen können Sie daran jedoch noch ein wenig drehen. Die meisten Gartenböden sind durch langjähriges Gärtnern und regelmäßige Kompostgaben humusreich und meist auch nährstoffreich.

NEHMEN SIE DEN BODEN IN DIE HAND

Welche Bodenart in Ihrem Garten vorherrscht, können Sie selbst ganz einfach mit einer Boden-Fingerprobe bestimmen. Versuchen Sie, eine etwa walnussgroße Probe von feuchtem Boden zwischen den Handflächen zu einer Kugel zu formen. Je gröber die Körnchen sind, desto sandiger ist der Boden und desto schlechter lässt sich eine Kugel formen. Können Sie zwar eine Kugel, aber keine Walze formen, ist es lehmiger Sand. Lässt sich eine Walze formen, ist der Anteil feiner Teilchen hoch und Sie haben Lehm- oder Tonboden. Das können Sie noch näher bestimmen, wenn Sie die Probe nun zwischen Daumen und Zeigefinger verreiben: Ist sie schmierig ohne körnig-rauen Anteil, ist es Ton. Ist sie deutlich körnig, handelt es sich um Lehm. Viele schwarze Teilchen im Boden deuten auf einen hohen Humusgehalt hin.

SAUER ODER BASISCH

Egal ob sie sandig, lehmig oder tonig sind, können Böden eine basische, neutrale oder saure Bodenreaktion haben. Den pH-Wert können Sie mit einem Bodentestset messen, den es im Gartenfachhandel oder in Apotheken gibt. Je höher der pH-Wert ist, desto basischer ist die Bodenreaktion. Für die meisten Pflanzen ist ein pH-Wert im schwach sauren bis neutralen Bereich zwischen 5,5 und 7 optimal. Rhododendron, Azalee, Heidelbeere, Preiselbeere und andere Moorbeetpflanzen brauchen es deutlich saurer zwischen 4 und 5.

Möchten Sie genauer wissen, welche Bodenart bei Ihnen vorherrscht, welchen pH-Wert und welchen Nährstoffmix sie zu bieten hat, können Sie Ihren Boden in einem Bodenuntersuchungslabor genauer bestimmen lassen. Mit der Nährstoffanalyse bekommen Sie auch eine Düngeempfehlung für die kommenden Jahre. Wenn Sie vermuten, dass Ihr Boden mit Schwermetallen belastet ist, können Sie auch das testen lassen.

Bodenaktivisten

Regenwürmer siedeln sich mit Vorliebe in lockeren, feuchten Böden mit einer Mulchauflage an. Darin finden sie genügend Futter, dass sie mithilfe von Pilzen und Bakterien in wertvollen, düngenden Humus umwandeln. Die Röhren, die die Regenwürmer in den Boden graben, machen ihn lockerer, belüften ihn und verbessern die Speicherfähigkeit von Wasser und Nährstoffen. Im Frühjahr und Herbst sind die Regenwürmer besonders aktiv, bei feuchtem Wetter erkennbar an Regenwurmhäufchen.

Zeigerpflanzen

Auch die natürlich vorkommende Vegetation lässt Rückschlüsse auf die Eigenschaften der jeweiligen Böden zu. Zeigerpflanzen sind vor allem Wildkräuter, aber auch Wildgräser, die nur auf Böden mit bestimmten Eigenschaften vorkommen, etwa auf trockenen, feuchten oder wechselfeuchten Böden, auf Böden mit hohem oder niedrigem Kalkgehalt, auf gut gedüngten oder nährstoffarmen Böden. Kann man die Zeigerpflanzen richtig deuten, erfährt man auch ohne Bodenanalyse schon einiges über seinen Boden und kann sogar unterschiedliche Zonen in seinem Garten entdecken.

Zeigerpflanzen

Pflanzen, die sich von allein ansiedeln, erzählen einiges über die vorherrschenden Bodeneigenschaften.

ZEIGERPFLANZE	BODENEIGENSCHAFT	GEEIGNET FÜR
Brennnessel, Vogelmiere, Gänsefuß, Knopfkraut, Schöllkraut, Schwarzer Nachtschatten	nährstoffreich, vor allem an Stickstoff, und humusreich	Gemüsegarten, Staudenbeet, Fettwiese
Löwenzahn, Acker-Winde, Kriechender Hahnenfuß	nährstoffreich, vor allem an Stickstoff, schwer bearbeitbar; lockerer wird der Boden durch regelmäßige Kompost- und Mulchgaben	Gemüsegarten, Staudenbeet
Wilde Möhre, Acker-Fuchsschwanz, Wiesen-Salbei	magerer, nährstoffarmer, meist auch trockener Boden	Magerwiese, Steingarten
Sauerklee, Sauerampfer	niedriger pH-Wert	Rhododendron, Azalee, Heidelbeere, Preiselbeere
Acker-Stiefmütterchen, Wiesen-Storchschnabel, Gewöhnliches Leinkraut, Vogelmiere	kalkreich (hoher pH-Wert)	Prärie- oder Kiesbeet
Mädesüß, Blut-Weiderich, Sumpf-Vergissmeinnicht, Binsen	nass oder feucht	Teich, Sumpf
Kriechender Hahnenfuß, Wiesen-Schaumkraut	wechselfeucht	Feuchtwiesen

Betrachten Sie nicht die Einzelpflanzen, sondern die Gesellschaft. Denn eine Brennnessel macht noch kein nährstoffreiches Beet.

Brennnesseln sind nicht nur Stickstoffanzeiger. Vielen Schmetterlingsarten dienen sie als erstklassiges Raupenfutter.

So wachsen Brennnesseln gern in Kompostnähe, Vogelmiere und Knopfkraut im Gemüsebeet: Beides sind gut gedüngte Standorte. Große Ansammlungen dieser drei Wildkräuter in einem unbearbeiteten Gartenbereich deuten demnach auf einen stickstoffreichen Boden hin. Wächst vor allem Löwenzahn, ist der Boden nicht nur nährstoffreich, sondern auch lehmig, schwer und neigt zur Verdichtung. Weitere Lehmbodenanzeiger sind Acker-Hahnenfuß, Gewöhnliche Braunelle und Wegwarte. Wachsen Acker-Krummhals und Großblütige Königskerze, ist der Boden sandig. Acker-Schachtelhalm-Felder verraten Ihnen, dass der Boden an dieser Stelle verdichtet ist und zu Staunässe neigt.

Berichten die Pflanzen, dass es bei Ihnen trocken und sandig zugeht, wäre eine Magerwiese genau die richtige Bepflanzung für diesen Standort. In Senken, in denen sich das Wasser sammelt, ist der nahezu perfekte Ort für einen Teich. Welche Standorte sich für welche Lebensräume optimal eignen, können Sie in der Tabelle nachlesen.

Den Boden verbessern

Holen Sie das Beste aus Ihrem Boden heraus, indem Sie leichte Verbesserungsmaßnahmen einleiten und die Pflanzen ansiedeln, die bestens mit sandigen oder lehmigen, fetten oder mageren, trockenen oder nassen, basischen oder sauren Standorten zurechtkommen. Kompost ist DAS Bodenverbesserungsmittel für alle Böden, denn er erhöht den Humusgehalt und bringt Luft in schwere Böden. Geben Sie jährlich 2 –3 l / m². Kalk macht den Boden krümeliger, indem er Tonteilchen zu größeren Einheiten bindet. Das verbessert die Speicherfähigkeit von Wasser und Nährstoffen. Alle drei Jahre wird kohlensaurer Kalk oder Kalksteinmehl ausgebracht, jedoch nicht auf bereits kalkhaltige Böden. Testen Sie vor dem Kalken immer den pH-Wert. Bentonit und andere Tonmehle verbessern die Wasserspeicherfähigkeit sandiger Böden, wenn sie spatentief eingearbeitet werden. Urgesteinsmehl eignet sich besonders für schwere Lehm- und Tonböden.

Arbeiten Sie nicht gegen die Gegebenheiten in Ihrem Garten, sondern mit ihnen. Starke Eingriffe sind immer aufwendig und erfordern auch in den kommenden Jahren Ihre Aufmerksamkeit. So ist es durchaus möglich, nährstoffreichen Boden abzubaggern und mit Kies und Sand abzumagern, um hier eine Magerwiese entstehen zu lassen. Und Rhododendren wachsen auch auf neutralen bis kalkreichen Böden, wenn die Pflanzgrube großzügig ausgehoben und der Boden gegen sauren Boden ausgetauscht wird. Doch müssen Sie auch regelmäßig saures Substrat nachlegen, damit der Rhododendron gesund bleibt. Und selbst nach Jahrzehnten kann er noch zum Sorgenkind werden, wenn seine Wurzeln die Grenzen seiner Pflanzgrube überschritten haben und in den ursprünglichen Gartenboden gelangen.

Mit dem Klima arbeiten

Ob das Klima in Ihrer Region eher mild oder eher rau ist, können Sie im langjährigen Klimamittel herausfinden, das der Deutsche Wetterdienst ermittelt hat. Durch besondere Geländeformen und Landnutzung gibt es regionale Wettererscheinungen, die sich vom gemäßigten Klima, das in Deutschland vorherrscht, unterscheiden – wenn auch nur leicht. In einigen Regionen fällt viel und zuverlässig Regen, in anderen Regionen ist es dagegen im Sommer staubtrocken. Noch kleinräumiger gestaltet sich das Mikroklima in Ihrem Garten. Hier kann es Zonen geben, in denen sich Temperatur, Feuchtigkeit und Sonnenscheindauer deutlich voneinander unterscheiden. Richten Sie Ihre Pflanzenauswahl nach dem in Ihrer Region vorherrschenden Klima- und Witterungsbedingungen.

DEN MIKROKLIMAZONEN AUF DER SPUR

Diese winzigen Klimagebiete finden Sie zum Beispiel in der Nähe von Mauern, Hecken und Teichen und unter Bäumen. Thermometer, Niederschlagsmesser und andere Messgeräte helfen Ihnen dabei, die Mikroklimazonen in Ihrem Garten zu entdecken. So ist es auf der

Legen Sie das Beet doch mal tiefer

Das meist runde Kraterbeet mit der muldenförmigen Vertiefung und dem aufgeschütteten Wall am Rand ist vor allem in trockenen Regionen von Vorteil. Denn im Zentrum wird die Feuchtigkeit gespeichert, sodass auch solche Gemüsearten angebaut werden können, die von zusätzlicher Bewässerung abhängig sind. Durch den Wall entsteht ein windgeschützter Raum für wärmeliebende Kulturen. Ein paar größere Steine im Zentrum verstärken den wärmespeichernden Effekt. So ein Kraterbeet ist innerhalb einer Stunde angelegt. Es sollte mindestens 2 m im Durchmesser sein.

windabgewandten Seite von Hecken und Mauern meist trockener als auf der windzugewandten Seite. Unter belaubten Bäumen, wo weniger Niederschlag ankommt, ist es nicht nur schattig, sondern auch trocken. Achten Sie auf windgeschützte und zugige Bereiche, die durch Häuser oder Mauern entstanden sind.

MIKROKLIMAZONEN EINRICHTEN

Das Mikroklima können wir – im Gegensatz zum Makroklima – beeinflussen und damit das Wachstum unserer Gartenpflanzen fördern. Meist geht es um den Schutz vor Wind und Kälte. So sind Hecken zum Beispiel hervorragende Windbrecher, hinter denen empfindliche Pflanzen Schutz finden. Trockensteinmauern und Findlinge speichern tagsüber die Sonnenwärme und geben sie nachts wieder ab. Das bringt vor allem in kühlen Regionen Vorteile. Richten Sie sich in der Nähe einer Mauer einen gemütlichen Abendsitzplatz ein oder setzen Sie wärmeliebende Pflanzen wie Weinreben und Feigen hier hin. Mit einem Anlehngewächshaus oder Wintergarten an der Südseite Ihres Hauses können Sie diese kostenlose Wärmeenergie ebenfalls nutzen. Im Zentrum von Senkgärten, deren Seitenwände mit Steinmauern abgefangen werden, entsteht ein warmer, windgeschützter Raum. An der tiefsten Stelle, wo sich das Wasser natürlich sammeln würde, ist der optimale Standort für einen Teich oder ein Wasserbecken. Beide sind zusätzliche Wärmespeicher. Mediterrane und kälteempfindliche Stauden gedeihen hier besser als im ebenen oder erhöhten Gelände.

Besondere Lebensräume, die gleichzeitig Mikroklimazonen sind, finden Sie auch näher beleuchtet in den Kapiteln Wasser, Hecken und Trockensteinmauern.

MIT DEM WETTER GÄRTNERN

Vor allem im Frühjahr hält es uns Gärtner kaum noch im Haus. Wir wollen raus in den Garten und etwas tun. Aber was ist mit den Spätfrösten, die erste Aussaaten oder zu früh ins Freie gestellte Kübelpflanzen arg zurichten können? Gärtner und Landwirte beobachten schon seit vielen Jahrhunderten das Wetter und den Verlauf der Jahreszeiten und können anhand bestimmter Phänomene vorhersagen, wie das Wetter werden wird. Im **phänologischen Kalender** mehr dazu auf Seite 133 nutzt man Pflanzen als Indikatoren für die aktuelle Witterung, unabhängig davon, welchen Kalendertag wir haben. Vor allem im Frühling kann man anhand bestimmter Blütenpflanzen abschätzen, ob noch lang andauernde Fröste oder Spätfröste drohen. Ersteres ist meist mit der Forsythienblüte, Letzteres

Rund um den Teich herrscht ein besonderes Mikroklima, denn Wasser ist ein guter Wärmespeicher. Die Benjeshecke dahinter verstärkt diesen Effekt noch.

mit der Rosskastanienblüte vorbei. Haben Sie vor Aussaaten und Pflanzungen den aktuellen Wetterbericht und die Vorschau auf die kommenden Tage im Blick. Bei ausgiebigem Regen werden Aussaaten besser aufgehen als bei einer Durststrecke. Auch Dünger löst sich besser und wird schneller von den Pflanzen aufgenommen. Und ein weiteres Plus: Sie sparen Wasser, weil Sie Rasen und Aussaaten nicht künstlich feucht halten müssen.

Auf Beobachtungsposten: Sitzplätze einrichten

Ein Naturgarten lässt Ihnen Zeit, den Garten zu genießen. Ob Sie nach getaner (Garten-) Arbeit einfach nur die Beine hochlegen oder aktiv sein wollen, planen Sie viele verschiedene Sitzgelegenheiten im Garten ein. Die können sowohl auf festem Grund stehen, wie Terrassen, als auch mobil sein und Ihnen zu den Attraktionsorten des Gartens folgen. Geben Sie Ihrem Sitzplatz, so klein er auch sei, Geborgenheit und Schutz. Gestalten Sie kleine Räume, die durch Hecken, halbhohe Mauern oder sogar hohes Gras vor neugierigen Blicken geschützt sind. Denn dann können Sie abschalten und entspannen. Sonnensegel, Markisen und Sonnenschirme mildern die pralle Sommersonne ab.

DIE SEELE BAUMELN LASSEN

Machen Sie es sich in einer Hängematte gemütlich und schaukeln Sie sanft hin und her. Bringen Sie den Seelenbaumler mit Manschetten und Karabinerhaken oder mit dicken Seilen an starken, bruchsicheren Ästen an, damit nichts an der Rinde scheuert. Lange Freude haben Sie mit wetterfestem, wasserabweisendem und UV-stabilem Stoff. Und wenn Ihre Bäume nicht im idealen Hängemattenabstand stehen, gibt es mittlerweile auch Hängegerüste. Schön schaukelt es sich auch in Hängesesseln, die ähnlich wie **Schaukeln** angebracht werden Seite 139, oder in Hollywoodschaukeln.

MAL DIE PERSPEKTIVE WECHSELN

Die verschiedenen Lebensräume in Ihrem Garten geben Ihnen die einmalige Möglichkeit, Tiere hautnah zu beobachten, ihnen beim Jagen zuzuschauen oder wie sie ihren Nachwuchs großziehen. Blaumeise und Kohlmeise, Rotkehlchen und Amsel begleiten uns das ganze Jahr über und können mit Winterfutter angelockt werden. Mit einem Klappstuhl oder Anglerhocker können Sie im Garten umherwandern und sich dort hinsetzen, wo gerade viel los ist: an den Teich, vor die Staudenrabatte oder an die Trockensteinmauer. Mähen Sie einen schmalen Weg in die Blumenwiese, gerade mal rasenmäherbreit. So kommen Sie näher ans Geschehen heran, ohne dass Sie die empfindlichen Wiesenblumen platt treten. Mir reicht oft ein einfaches Kniekissen, mit dem ich mich vor ein Beet knie und mich in den Anblick vertiefe, die Blüten aus der Nähe betrachte oder die sirrenden Insekten beobachte.

Was für eine Aussicht dieser Sitzplatz bietet: In der Abendsonne können Sie den Schmetterlingen, Bienen, Hummeln und Schwebfliegen beim Tanz über den Wiesenblumen zuschauen.

Auch ein Perspektivwechsel bringt neue Erfahrungen. Warum sich immer nur normal aufrecht hinsetzen. Legen Sie sich doch mal unter einem Baum auf den Rücken und betrachten Sie das feine Spiel von Licht und Schatten, das Sonnenstrahlen und Blätter miteinander spielen. Oder drehen Sie sich auf den Bauch und schauen Sie aus Froschhöhe, wie dicht der Gräserwald vor Ihren Augen ist und wie zart die Blütenkelche der Glockenblumen wippen.

Mit allen Sinnen

Wir sind nicht nur Beobachter, sondern auch Streichler und Schnuppernasen. Pflanzen Sie Arten mit weichen oder pelzigen Blättern oder Blütenständen in die Nähe Ihres Sitzplatzes oder als Wegeinfassung: Weicher Frauenmantel, Woll-Ziest, Schleier-Gipskraut, Königskerzen (besonders *Verbascum alpinum* und *V. austriacum*), Schmalblättriges Wollgras, Lampenputzergras und Reiher-Federgras. Die können Sie beim Vorbeigehen kurz streicheln und sich rundum wohlfühlen. Den Kräuterblättchen im Kräuterbeet oder auf der Trockensteinmauer entlocken Sie mit einem sanften Streicheln würzigen Duft. Oder berauschen Sie sich an den duftenden Blüten von Rosen, Phlox, Wunderblume oder Geißblatt.

EIN GARTEN FÜR NACHT-SCHWÄRMER

Platzieren Sie in Sitzplatznähe Pflanzen mit silbrigem Laub oder weißen Blüten, denn die sind auch nachts gut zu sehen, etwa Wermut, Eberraute, Weiße Taubnessel und weiß blühende Sorten von Phlox, Glockenblumen und Kleinem Immergrün. Es gibt sogar Pflanzen, die erst abends und nachts ihre Blüten öffnen und damit dämmerungs- und nachtaktive Insekten wie die Nachtschwärmer, eine Gruppe von Schmetterlingen, anlocken. Und die wiederum sind die Nahrung für Fledermäuse, die Sie dann vielleicht sogar in Ihrem Garten bei der Insektenjagd beobachten können. Zu den **Nachtblühern** gehören unter anderem Duft-Resede und Silberling, weitere finden Sie in der Tabelle Seite 36.

Lauschen Sie dem Abendgesang von Amsel, Nachtigall, Singdrossel, Heuschrecke und Grille. Oder schauen Sie bei Dämmerung in Richtung Westen. Dann können Sie vielleicht die nachtaktiven Fledermäuse und Käuze ausmachen, die sich gut gegen den noch hellen Himmel abheben.

Die fluoreszierenden Leuchtkäfer bekommen Sie dagegen nur in warmen Sommernächten Ende Juni und Juli zu Gesicht, wenn sich Männchen und Weibchen bei der Paarungssuche zublinken. Das immer seltenere Lichtspektakel lässt sich gut in sehr dunklen Gebüschen beobachten.

LICHT AUS – DER INSEKTENWELT ZULIEBE

Versuchen Sie, wo es möglich ist, auf künstliche Beleuchtung mit kurzwelligem Licht zu verzichten. Denn die zieht nachtaktive Insekten an, die dann oft die Orientierung verlieren oder sich gar die Flügel verbrennen und sterben. Auch Fledermäuse finden dann kaum noch etwas für ihr Nachtmahl. Langwelliges Licht mit mehr als 550 nm bzw. 2 700 bis 3 000 Kelvin ist dagegen unattraktiv für die Insektenwelt. Wählen Sie an Wegen und Eingängen Leuchtmittel mit der geringsten Helligkeit bzw. Leistung, lassen Sie das Licht nach unten abstrahlen und nutzen Sie Bewegungsmelder. Spots zur dekorativen Illumination von Gartenkunst, Wasser oder einzelnen Pflanzen sollten Sie nur im Winter verwenden, wenn keine Insekten mehr unterwegs sind.

Auf geht's zur Nachtwanderung

Erkunden Sie mal nachts Ihren Garten. Sie werden staunen, wie anders alles wirkt und wie viele Tiere zu später Stunde unterwegs sind. Wählen Sie eine wolkenlose Nacht, am besten bei Vollmond oder Halbmond, dann erleuchtet das Mondlicht die Szenerie. Eine Taschenlampe werden Sie nicht brauchen, denn die Augen gewöhnen sich schnell ans andere Licht.

BLUMEN-
WIESEN

Sie sind der Inbegriff eines Naturgartens: große Flächen mit Wildblumen, die sich im Wind wiegen. Warum das so ist? Vermutlich weil sich Blumenwiesen am deutlichsten vom gleichmäßigen, intensiv gepflegten Rasen eines Ziergartens unterscheiden.

In den kleinen Gärten von heute gibt es leider kaum noch Platz für ausgedehnte Wiesen. Blumenwiesen wirken erst als ruhige Fläche, wenn sie eine bestimmte Größe haben. Und doch können Sie das wild erscheinende, gezähmte Stück Natur in den Garten holen: zum Beispiel unter Obstbäume, als Übergangsstreifen zwischen Rasen und Staudenbeet, als Saumstreifen an der Hecke oder als kleine Wildbluminsel im Rasen. Wiesen sind menschengemacht, waren es schon immer. Damit die Wiesen auch im eigenen Garten funktionieren, braucht es die helfende Hand des Gärtners, der die Blütenpracht ein- bis zweimal im Jahr abmäht. Denn ohne die wichtige Mahd, würde die Wiese verschwinden. In Wiesen ist viel los: Heuschrecken zirpen, Schmetterlinge wie der Aurorafalter und das Tagpfauenauge tanzen über die Blüten und Wildbienen und Hummeln sind auf der Suche nach süßem Nektar. Und in der unteren Wiesen-Etage wuseln Zwergmäuse am Boden entlang.

Auf den Standort kommt es an

Wiese ist nicht gleich Wiese. Je nach Bodenbedingungen unterscheidet man zwischen Mager-, Fett- und Feuchtwiesen. In den meisten Gärten ist der Boden humos und nährstoffreich, beste Voraussetzungen für eine Fettwiese, weniger jedoch für eine Magerwiese, die bevorzugt auf nährstoffarmen Standorten gedeiht. Bis zu fünf Jahre kann es dauern, bis eine Blumenwiese etabliert ist. Denn nicht alle mehrjährigen Kräuter keimen schon im ersten Jahr.

Weißblühende Wiesen-Margeriten sind die strahlenden Botschafter des Sommers. Sie fühlen sich besonders auf den nährstoffreichen Fettwiesen wohl. Diese Wiesenform ist in den meisten Gärten leicht umzusetzen.

FETTWIESEN FÜR NÄHRSTOFFREICHE BÖDEN

Fettwiesen brauchen einen fetten, also nährstoffreichen Boden mit guter Wasserversorgung. Dann etablieren sich Wiesen-Margerite, Wiesen-Glockenblume, Rot-Klee und Glatthafer. Hier gedeihen rund 20 bis 50 weitere Arten, darunter typische Vertreter wie Wiesen-Pippau, Wiesen-Bocksbart, Hahnenfuß, Echte Schafgarbe, Vogel-Wicke und Wiesen-Storchschnabel. Auf den sehr nährstoffreichen Böden finden aber auch wuchernde Gräser und Unkräuter wie Löwenzahn und Ampfer Tritt, die ausgestochen werden sollten. Nehmen die Gräser überhand, können Sie **Zottigen Klappertopf** Seite 26 aussäen.

MAGERWIESEN FÜR NÄHRSTOFFARME BÖDEN

Denkt man an Blumenwiesen, hat man meist die artenreiche Magerwiesen mit Karthäuser-Nelke, Wiesen-Salbei und Wiesen-Flockenblume vor Augen. Weitere typische Pflanzen sind: Aufrechte Trespe, Zittergras und Rot-Schwingel, Johanniskraut, Thymian, Echtes Labkraut, Wilde Möhre, Wiesen-Witwenblume und Kleiner Klappertopf. Hohe Gräser oder Stauden gibt es kaum. Besonders artenreich sind Magerwiesen auf trockenen, mageren Standorten.

Legen Sie Magerwiesen an einem Südhang oder auf Böden mit geringer Wasserversorgung an. Auf dem üblicherweise nährstoffreichen Gartenboden können Sie diese nur mit viel Aufwand etablieren. Zuvor müsste der Boden künstlich mit Schotter und Sand abgemagert werden – das passt nicht so recht zum Naturgarten, wo mit der Natur und standortgerecht gegärtnert wird. Sie könnten allerdings einen Boden, der schon auf dem Weg zum mageren Standort ist, weiter abmagern, indem Sie ihn nicht mehr mit organischer Substanz versorgen.

FEUCHTWIESEN

Auf zeitweise überschwemmten Flächen an Flüssen und Seen oder in Senken mit steigendem Grundwasser können Sie eine Feuchtwiese anlegen. Hier leben Pflanzen, die sowohl mit Staunässe als auch mit Trockenheit gut klar kommen wie Blut-Weiderich, Sumpf-Dotterblume, Primel, Mädesüß, Beinwell, Kuckucks-Lichtnelke, Wiesen-Schaumkraut und Pfeifengras.

Damit die Blumenwiese artenreich bleibt, wird sie mindestens einmal im Jahr gemäht. Traditionell wird dazu die Sense geschwungen, ein Handwerk, das man mittlerweile in vielen Kursen wieder erlernen kann.

Das Saatgut

Hüten Sie sich vor preiswerten Wiesenblumenmischungen. Darin sind oft einjährige Sommerblumen, Klee und starkwüchsige Gräser enthalten, aus denen jedoch keine Blumenwiese entsteht, sondern eher ein Unkrautacker. Nehmen Sie lieber etwas mehr Geld in die Hand und investieren Sie in Spezialsaatgut, das Sie nicht nur für die einzelnen Wiesentypen, sondern auch regional abgestimmt bei Spezialgärtnereien kaufen können. In den Mischungen sind meist auch ein paar einjährige Sommerblumen wie Mohn und Kornblumen enthalten. Diese Schnellstarter blühen bereits im ersten Jahr, während die mehrjährigen Blütenpflanzen einen längeren Anlauf brauchen. **Anbieter** für Wiesenblumenmischungen finden Sie im Service auf Seite 156.

Wiesen anlegen

Von April bis Juni und von August bis September sind die besten Zeiten, um mit einer Blumenwiese zu beginnen. Bereiten Sie die zukünftige Wiesenfläche sorgfältig vor und entfernen Sie alle Wurzelunkräuter und ihre Ausläufer, damit sie später nicht Ihre Wiese unterwandern. Lassen Sie die Fläche ein, zwei Wochen ruhen. Dann wird der Boden mit einer Harke glatt gezogen, bis er feinkrümelig und eben ist. Um die teils sehr feinen Wildblumensamen gleichmäßiger verteilen zu können, können sie mit Sand gemischt werden. Walzen Sie die Samen nach der Aussaat fest und wässern Sie vorsichtig, damit die Samen nicht weggewaschen werden. Halten Sie die Fläche feucht, bis die Samen aufgehen.

Im ersten Standjahr wird die junge Wiese öfter gemäht, das erste Mal bereits nach etwa acht bis zehn Wochen. Dann sind die Wiesenpflanzen schon dicht gewachsen und etwa 10 cm hoch sind. Diese erste Mahd schwächt auch die Unkräuter, die trotz sorgfältigstem Unkrautsuchens aufgegangen sind. Mähen Sie in den kommenden Wochen noch zwei- bis dreimal, wenn weiterhin Unkräuter aufgehen sollten. Das fördert auch die langsameren mehrjährigen Arten, indem es die einjährigen Arten etwas ausbremst, da sie nicht so viele Samen streuen können.

DER SCHNELLE WEG ZUR WIESE

Mogeln Sie ein bisschen und setzen Sie zusätzlich zur Aussaat im ersten Jahr vorgezogene Wiesenstauden in Gruppen von drei bis fünf Pflanzen. Wenn Sie eine Rasenfläche umwandeln möchten, brechen Sie Teile der Grasnarbe um, lockern Sie dort den Boden und säen Sie die Wiesenblumen ein. Markieren Sie die Bereiche und sparen Sie sie beim Mähen aus. Wenn die Grasnarbe nicht zu dicht ist, breiten sich die Wiesenblumen mit der Zeit durch Selbstaussaat auf dem Rasen aus.

Die blauen Blütenrispen des Wiesen-Salbeis sind markant für Magerwiesen. Für diesen besonderen Wiesentyp brauchen Sie einen nährstoffarmen, also einen mageren, und trockenen Standort.

Wiesen mähen

Wiesen werden nicht gedüngt, auch die Fettwiesen nicht. Mähen Sie Fett- und Magerwiesen Ende Juni / Anfang Juli, zum Beispiel, wenn die Wiesen-Flockenblumen in der Magerwiese verblüht sind und ihre Samen ausgefallen sind. Fettwiesen werden wegen ihres stärkeren Wachstums noch ein zweites Mal im September / Oktober gemäht. Feuchtwiesen mäht man nur im Herbst. Die Mahd ist für Wiesen eine sehr wichtige Pflegemaßnahme: Denn danach kommen Licht und Luft an den Boden, sodass Blumensamen wieder keimen können. Ohne eine Mahd würde die Blumenwiese um einige Arten ärmer werden.

Teilen Sie die Mahd auf zwei Termine. Mähen Sie beim ersten Termin nur eine Hälfte der

Die zarte, lilafarbene Kuckucks-Lichtnelke sieht man oft in Feuchtwiesen. Ihre Blüten werden vor allem von Bienen und Schmetterlingen besucht.

Mit lautem Gezwitscher stürzen sich ganze Trupps bunter Distelfinken auf reife und halbreife Samen von Wiesenblumen und Stauden.

Wiese. Nach drei Wochen ist dann die andere Hälfte dran. So bleiben in der zweiten Hälfte Rückzugsmöglichkeiten für die Wiesenbewohner und es gibt mehr Selbstaussaat. Verschieben Sie die Termine etwa alle fünf bis acht Jahre um drei Wochen nach hinten. Dann bleiben auch die Wiesenblumen länger stehen, die sonst während der Blüte gemäht wurden, und es säen sich auch diese Arten aus. Klassisch werden Blumenwiesen mit einer **Sense** gemäht Seite 125. Das schont die Tiere im Pflanzenbestand und auch hohe Halme werden gut geschnitten und nicht umgeknickt. Wichtig beim Umgang mit der Sense ist, dass das Gerät vor und während des Mähens immer wieder geschärft wird. Räumen Sie das Mähgut von der Wiese, sobald es getrocknet ist und die Samen ausgefallen sind. Wenden Sie es dafür mehrmals. Würde es liegen bleiben, wird es zu Humus abgebaut und düngt die Wiese. Sie können mit dem Heu auch eine Fläche impfen, die zur Blumenwiese werden soll. Verteilen Sie dafür das samenreiche Heu, walzen Sie es an und halten Sie das Ganze feucht.

Blumenrasen für Faule

Ohne viel Aufwand können Sie aus Ihrem Rasen einen Blumenrasen zaubern. Stellen Sie das Wässern und Düngen ein. Dann entsteht eine angepasste Pflanzengesellschaft mit Gänseblümchen, Ehrenpreis, Günsel, Weiß-Klee, Hopfen- und Hornklee sowie Braunelle. Der Blumenrasen wird nur alle drei bis vier Wochen gemäht.

Gräser bändigen

Nehmen die starkwüchsigen Gräser überhand und lassen den zarten Wildblumen keinen Raum, können Sie den Klappertopf (*Rhinanthus*) in die Wiese säen. Das ist ein Halbschmarotzer, der an den Wurzeln der Gräser lebt, sie schwächt und damit ihr Wachstum und ihre Ausbreitung eindämmt. Damit sich die einjährige Pflanze selbst aussäen kann, sollte erst Anfang Juli gemäht werden, wenn ihre Samen reif sind.

Rasen im Naturgarten?

Ganz auf den Rasen verzichten, möchte kaum einer. Müssen Sie auch nicht, denn der grüne Teppich ist trotz seines langweiligen Äußeren eine unversiegelte Fläche im Garten, durch die Wasser versickern kann. Die Rasengräser verhindern zudem, dass Nährstoffe ausgewaschen werden, und sie halten das Wasser im Boden. Was eindeutig negativ ins Gewicht fällt, ist die hohe Pflegeintensität und die Mengen Gießwasser, die er im Sommer verbraucht. Dennoch braucht der Naturgärtner den Rasen nicht zu verdammen. Setzen Sie ihn so ein, dass er für Sie von Nutzen ist, beispielsweise als Rasenweg zwischen Staudenrabatten anstelle eines gepflasterten Weges oder als grünen Sitz- oder Spielplatz.

Rasen steht dem Naturgarten auch gut zu Gesicht, wenn er sich als Weg an Staudenrabatten vorbeischlängelt. Denn Rasenwege sind unversiegelt und dennoch trittfest.

RASEN ANLEGEN

Wählen Sie für stark beanspruchte Flächen sogenannten Gebrauchsrasen, Sport- oder Spielrasen. Halten Sie sich dabei an die Regelsaatgutmischungen aus dem Fachhandel, die für bestimmte Anwendungsbereiche den richtigen Mix an Grasarten enthalten. Die beste Zeit, um Rasenflächen anzulegen, ist im Herbst. Dann ist der Boden noch warm und die Herbstniederschläge halten ihn feucht, sodass die Rasensaat gut aufgehen kann. Vor der Aussaat wird der Boden gelockert, Steine und Unkraut entfernt, die oberste Schicht fein gekrümelt und ein Startdünger gestreut. Nach der Aussaat zieht man die Fläche mit einem Rechen ab. So bekommen die Samen guten Bodenschluss und die aufgeraute Bodenoberfläche kann das Wasser besser aufnehmen. Wässern Sie die Fläche in den ersten drei bis vier Wochen, damit die oberste Bodenschicht nicht austrocknet. Wenn das Gras 8–10 cm hoch ist, wird das erste Mal gemäht, jedoch nicht unter 5 cm.

RASEN PFLEGEN

Mähen Sie den Rasen während der Wachstumszeit von April bis Oktober mindestens einmal, besser zweimal pro Woche. Das fördert die Bildung von Seitentrieben und neuen Blättern, sodass der Rasen schön dicht wird. Zudem dämmt es unerwünschte Kräuter ein. Die Schnitthöhe sollte zwischen 3,5 und 5 cm liegen, aber nicht mehr als die Hälfte der Aufwuchshöhe des Grases betragen. Ein Mulchmäher mäht und mulcht den Rasen gleichzeitig. Der fein zerkleinerte Rasenschnitt zersetzt sich und reichert den Boden mit Nährstoffen und Humus an, sodass weniger gedüngt werden muss. Mulchmähen Sie nur trockenen Rasen, damit das Schnittgut nicht verklumpt. Beim Vertikutieren im Frühling wird der Rasenfilz aus abgestorbenen Pflanzenresten und Moos angekratzt und gelockert und in einem zweiten Arbeitsgang abgerecht. Der Rasenfilz behindert nicht nur die Luftzufuhr, auch Dünger und Wasser können nicht mehr durch die dicke Schicht dringen.

Aurorafalter, Schachbrett & Co.

Blumenwiesen und Staudenbeete haben eine nahezu magische Anziehungskraft auf die bunten Schmetterlinge. Denn an den vielen nektarreichen Blüten können sich die Tagfalter stärken, während sie nach passenden Nahrungspflanzen für ihren Nachwuchs Ausschau halten.

AURORAFALTER

Im Frühling können Sie in Feuchtwiesen mit Wiesen-Schaumkraut den Aurorafalter bewundern. Schmetterlinge und Raupen leben von denselben Futterpflanzen. Die Raupen vertilgen zunächst die Blüten, dann die Schötchen und, wenn das noch nicht reicht, auch die Blätter. Die Aurorafalter-Weibchen sind weitsichtig und legen an den kleineren Wiesen-Schaumkräutern nur ein Ei pro Pflanze ab. Im Juni verpuppen sich die Raupen an den Stängeln ihrer Futterpflanzen und überwintern so.

SCHACHBRETT

Erst ab Mitte Juni ist das Schachbrett an den Disteln, Skabiosen und Flockenblumen in nährstoffarmen, eher trockenen, zugleich blüten- und gräserreichen Wiesen zu entdecken. Abends sammeln sich die Falter zu Schlafgemeinschaften auf ihren Nektarpflanzen. Die Räupchen schlüpfen zwar noch vor dem Winter, suchen aber erst im kommenden Frühjahr ihre Futterpflanzen auf: Pfeifengras, Aufrechte Trespe, Wiesen-Rispengras und Gewöhnliches Knäuelgras. Im Juni verpuppen sie sich in einem lockeren Gespinst am Boden.

GROSSES OCHSENAUGE

In trockenen Wiesen können Sie ab Anfang Juli das Große Ochsenauge auf Flockenblumen, Dost, Kratzdisteln, Klee und anderen vor allem violetten Blüten sehen. Die Weibchen legen ihre Eier an den Halmen frisch gemähter Süßgräser ab, wo die Raupen im August schlüpfen und tagsüber an den Gräsern fressen. Ungewöhnlich: Im kommenden Frühjahr ändern die Raupen ihr Verhalten und fressen jetzt nachts, bis sie sich im Juni an trockenen Pflanzenteilen dicht über dem Boden verpuppen.

SCHWALBENSCHWANZ

Seinen Namen hat der Schwalbenschwanz von den schwanzförmigen Fortsätzen an seinen Hinterflügeln. Sie können ihn in sonnigen Magerwiesen ab Ende April antreffen, wo er mit Vorliebe an rotvioletten Blüten von Wiesen-Klee und Gemeiner Flockenblume Nektar schlürft. Auch dem Schmetterlingsflieder ist er nicht abgeneigt. Die Raupen futtern bevorzugt die Blätter von Doldenblütlern wie Wilder Möhre, aber auch Pastinake, Dill und Fenchel. Sammeln Sie die Raupen im Gemüsebeet vorsichtig ab und setzen Sie sie auf wilde Doldenblütler.

GEMEINER BLÄULING

Der blaugeflügelte Kleinschmetterling fliegt von Mai bis September über blütenreiche Magerwiesen, aber auch über Fettwiesen mit verschiedensten Kleearten, unter anderem Hornklee, Hopfenklee und Rot-Klee. Während die Männchen kräftig blau gefärbt sind, tragen die Weibchen braune Flügel mit mal mehr, mal weniger Blau. Die Raupen fressen gern an denselben Kleearten, von denen die erwachsenen Falter trinken, aber auch an Ginster und Hauhechel. Sie überwintern als Puppe.

Von Juni bis August ist der Weg aus Sand-Thymian mit kleinen lila Blütchen überzogen.

Gebrauchsrasen ist ein Starkzehrer, darum wird er dreimal während der Saison mit einem speziellen Rasen-Langzeitdünger gedüngt: im April zum Wachstumsbeginn, im Juni und im August. Denn je stärker die Gräser beansprucht werden und nachwachsen müssen, desto mehr Nährstoffe brauchen sie. Im Oktober wird mit einem kaliumbetonten Herbstdünger gedüngt, der die Rasengräser gut über den Winter bringt. Sie müssen den Rasen nicht täglich wässern. Es reicht, wenn er bei Trockenheit ein- bis zweimal pro Woche durchdringend beregnet wird. Dann wird nicht unnötig Wasser verschwendet. Kurze Trockenphasen ohne Bewässerung überstehen Gräser ohne größeren Schaden, denn sie sind sehr regenerationsfähig. Bei längerer Trockenheit sterben sie jedoch ab und die Flächen müssen nachgesät werden. Entfernen Sie dafür abgestorbene Gräser. Lockern Sie den Boden auf und mischen Sie ihn mit Kompost.

Duftender Kräuterrasen

Auf trockenem Boden oder im Schatten wächst Rasen nur spärlich. Eine Alternative für kleinere Problemzonen ist ein Kräuterrasen. Die verwendeten Pflanzen sind zwar gut trittverträglich, aber nicht für dauernde Belastung geeignet. Setzen Sie Ihre Füße vorsichtig, denn der Kräuterrasen blüht und die Blüten locken Insekten an. Verschiedene Thymianarten wachsen auf sonnigen, trockenen und nährstoffarmen Flächen fast rasenähnlich, zum Beispiel Sand- und Kümmel-Thymian sowie Quendel. Für sonnige Standorte mit leichtem, wasserdurchlässigem Boden eignet sich die immergrüne Römische Kamille. Die Sorte ‘Treneague’ ist besonders robust und kompakt. In weniger trockenen Bereichen gedeiht das neuseeländische, bei uns winterharte Fiederpolster (*Leptinella potentillina*). Den feuchten Halbschatten besiedelt die Kriechende Polei-Minze (*Mentha pulegium* subsp. *repens* ‘Penny Royal’), die leicht giftig ist. Die Korsische Minze ist bei uns leider nicht winterhart, sät sich aber zuverlässig aus.

Setzen Sie die Pflanzen im Abstand von 10 – 15 cm in gut vorbereiteten Boden. Sobald sich der Kräuterrasen etabliert hat, ist der Pflegeaufwand gering. Die Rasenkamille wird ab und an mit Heckenschere oder Rasenmäher gestutzt.

Maulwurfshügel im Rasen

Die sind lästig, aber leider nicht vermeidbar. Der Maulwurf schüttet sie beim Graben seiner unterirdischen Tunnel auf. Doch richtet er keinen Schaden an den Pflanzen an, sondern futtert lieber die Larven von Gartenlaubkäfer und Wiesenschnake, die ihrerseits an den Graswurzeln fressen. Sammeln Sie die Hügelerde ein und verteilen Sie sie auf anderen Beeten.

STAUDEN-RABATTEN

Ob prachtvoll mit großblütigem Rittersporn und Sonnenhut oder wild und naturnah mit zarten Schleierkraut- und Knautien-Blütenwolken – jede Staudenrabatte kann nicht nur zum Hingucker, sondern auch zum Paradies für die Tierwelt werden.

Staudenrabatten sind wie gezähmte Blumenwiesen, nur regiert hier nicht der Zufall, wo welche Pflanze aufwächst, sondern die Stauden werden gezielt nach ihrer Blütenfarbe, Blütenform und Blütezeit miteinander kombiniert, um schöne Pflanzenbilder entstehen zu lassen. In den Rabatten lässt sich auch das wenig wählerische Tagpfauenauge blicken. Dessen Larven brauchen jedoch die selten erwünschten Brennnesseln als Blattfutter. Anderen Schmetterlingen ergeht es ähnlich: Möchten Sie die bunten Falter als Accessoires über die Staudenblüten flattern sehen, brauchen Sie auch die manchmal nicht so attraktiven Raupenfutterpflanzen. Nachtaktive Schmetterlinge werden von abendblühenden Arten wie Nachtviole und Nachtkerze angelockt – und werden dort zur Beute der Fledermäuse, die in der Dämmerung auf Jagd gehen. Singvögel wie Distelfinken sitzen im Sommer zu Dutzenden in Disteln und Sonnenblumen und klauben die noch unreifen Samen aus den Fruchtständen. Und zwischen hohen und niedrigen Pflanzen finden Kleinsttiere Schutz vor ihren Räubern.

Wer die Wahl hat ...

Für jeden Standort im Garten gibt es die passenden Staudenarten. Versuchen Sie die Ansprüche der Pflanzen so gut es geht zu erfüllen, damit sie sich wohlfühlen und gesund bleiben. Mageren Boden und Sonne liebende Arten würden in einer Prachtstaudenrabatte auf nährstoffreichem Untergrund gnadenlos vergehen, auch wenn der Standort in der vollen Sonne liegt.

Insektenfreundlich sind Pflanzen, deren Blüten ungefüllt sind, denn die bieten mehr Nektar und Pollen als gefüllte Blüten. Werten Sie eine bestehende Rabatte mit solchen Arten auf. Trauen Sie sich auch an ein- und zweijährige Arten heran, die sich jedes Jahr selbst aussäen. In Staudengärtnereien wird eine unglaubliche Vielfalt an Arten angeboten, bei denen nicht sofort zu erkennen ist, ob sie heimisch oder nicht-heimisch sind. Heimisch sind unter anderem der blau blühende Hohe Rittersporn und die Gewöhnliche Schafgarbe. Viele der häufig verwendeten Stauden sind bei uns nicht heimisch. Sie wurden wegen ihrer schönen Blüten oder ihrer Robustheit bei uns eingeführt und haben sich gut etabliert, zum Beispiel Phlox, Sonnenbraut und die schattenliebende Funkie. Unter den Neuankömmlingen sind viele Insektenweiden wie Duftnesseln und Monarden. Sie wurden zwar züchterisch bearbeitet, haben jedoch häufig noch ihren Wildcharakter, der gut in naturnahe Staudenrabatten passt. Und sie verhalten sich meist wie unsere heimischen Stauden und sind selten expansiv. Nur einige wenige, die auch in Gärtnereien als „harmlose“ Zierpflanzen angeboten werden, können für die Natur gefährlich werden wie die Kanadische Goldrute.

Viele Blattschmuckstauden wie beispielsweise Farn, Storchschnabel oder die weißrandigen Funkien mögen es eher halbschattig bis schattig. Auch der zweijährige, eher unbeständige Fingerhut lässt sich hier gern nieder.

IMMERBLÜHENDE BEETE

Die Blütehochzeit in den meisten Gärten liegt zwischen Juni und August. In dieser Zeit blühen die meisten Stauden. Vorher und nachher finden Insekten viel weniger Blütenfutter. Füllen Sie daher besonders diese Blütenlücken. Im Frühling bieten verwildernde Frühjahrsblüher wie Blausternchen, Winterling, Schneeglöckchen, Krokus und Küchenschelle den Frühaufstehern unter den Hummeln und Bienen die erste stärkende Mahlzeit. Auch einige früh blühende Gehölze wie Mahonien und Kornelkirschen werden angeflogen. Ab September blühen unter anderem Astern, Sonnenhut, Scheinsonnenhut, Fetthenne und Wasserdost. Von vielen Insektenarten häufig besuchte Dauerblüher sind Kugeldisteln und Königskerzen.

Präriebeete für nährstoffreiche Böden

Auch wenn hier vorwiegend aus Nordamerika stammende Stauden verwendet werden, ist ein Präriebeet eine gute Wahl für den naturnahen Garten: Zum einen sind die Arten so robust und pflegeleicht, dass sie mit wenig Wasser auskommen. Zum anderen sind sie Insektenmagneten und schon alte Bekannte in unseren Staudenrabatten. Für mich ein wichtiger Aspekt: Die meisten Präriestauden bevorzugen einen sonnigen Standort mit nährstoffreichem, durchlässigem Boden, den man in den meisten Gärten schon findet. So kann die wilde Präriemischung ohne vorherigen aufwendigen Bodenaustausch schnell und einfach angepflanzt werden. Und Präriebeete sind eine Alternative zu den zwar üppigen, aber auch viel Wasser verbrauchenden Prachtstaudenrabatten.

Einzig Platz brauchen Sie für dieses Schmuckstück, denn die Pflanzungen wirken nur auf großer Fläche. Leitpflanzen für eine Prärierabatte sind Scheinsonnenhut, Duftnessel und Phlox in kühlen Lilatönen, Sonnenhut, Mädchenauge und Sonnenbraut in warmen Rot- und Gelbtönen, Glatte Aster, Patagonisches Eisenkraut und Prachtkerze mit vielen kleinen Blütchen und Gräser wie Reitgras, Federgras oder Lampenputzergras.

Setzen Sie die Stauden in Gruppen oder bunt durcheinander, um den wilden Präriecharakter nachzuahmen. Wie die Prärie wird sich auch Ihr Präriebeet mit den Jahren verändern, wenn kurzlebige Stauden verschwinden und an anderer Stelle durch Selbstaussaat wieder auftauchen. Im ersten Jahr nach der Pflanzung sollten Sie bei lang anhaltender Trockenheit wässern. Später sind die Präriestauden Selbstversorger. Schneiden Sie die Blütenstände erst im Frühjahr zurück, es sei denn, Selbstaussaat ist bei einigen dominanten Arten nicht erwünscht.

Helle Farben in dunklen Ecken

Waldrand- und Gehölzrandstauden sind die Spezialisten für halbschattige und schattige Beete. Sie warten zwar nicht mit spektakulären Blüten auf wie die Prachtstauden in den Sonnenbeeten. Dafür trumpfen sie mit großen grünen und panaschierten Blättern auf wie das Schaublatt, die vielgestaltigen Funkien und die bunten Sorten des Kaukasusvergissmeinnichts. Die hellen Tupfen und Streifen auf den Blättern bringen Licht in dunkle Gartenbereiche ebenso wie die weißen, rosé- oder zartlilafarbenen Blüten von Maiglöckchen, Frühlings-Gedenkemein, Großer Sternmiere und Teppich-Waldrebe. Es gibt auch ein paar prachtvolle Solitärstauden wie Wald-Geißbart und Herbst-Anemone. Bodendecker schließen

Großzügige Drifts – flächig gepflanzte Stauden einer Art – sind typisch für Präriebeete. In diesem dominieren Sonnenbraut und Schafgarbe.

größere Flächen, zum Beispiel Europäische Haselwurz, Waldmeister, Einbeere, Kleines Immergrün und Taubnessel. Für Waldgärten mit feuchten Arealen eignen sich Farne wie Hirschzungenfarn, Wald-Frauenfarn und Wurmfarn. Selbst mit den trocken-schattigen Bedingungen unter Bäumen und Sträuchern kommen einige **Stauden** gut klar Seite 104/105.

Kiesbeete für nährstoffarme Böden

Auf trockenen, sonnigen, teils sogar heißen Standorten im Garten mit magerem Boden können Sie Kiesbeete oder Kiesgärten anlegen. Die verwendeten Pflanzen möchten es nicht anders, denn ein Zuviel an Nährstoffen und Wasser lässt sie schwächeln und sogar verschwinden. Auf solchen Flächen fühlen sich die meisten mediterranen Halbsträucher wohl wie Lavendel, Thymian, Heiligenkraut und Eberraute. Auch Mannstreu und Woll-Ziest mit ihren silbergrauen, an die Hitze angepassten Blättern, Bart-Iris, Hohe Fetthenne,

Die hohen Blütenrispen von Diptam oder Brennendem Busch zeigen sich im Juni und Juli. Die Blüten – und eigentlich auch die ganze Pflanze – duften intensiv herb-zitronig, besonders bei starker Sonneneinstrahlung. Doch kommt man der Pflanze besser nicht zu nah, denn bei Hautkontakt ist eine phytotoxische Reaktion möglich.

Diptam und Rote Spornblume, die zarte Küchenschelle und der filigrane Stauden-Lein passen gut ins Kiesbeet.
Unverzichtbar ist Kies in verschiedenen Korngrößen. Als abdeckender Mulch hält er zum einen die Bodenfeuchtigkeit und gibt tagsüber gespeicherte Sonnenwärme abends und über Nacht wieder ab. Zum anderen ist er ein wichtiges Gestaltungselement. Auch größere Feldsteine oder kleinere Findlinge können auf den Flächen verteilt werden, sodass ein kleiner Steingarten entsteht.

Insektenmagnete

Auch Insekten sind Feinschmecker und fliegen auf ihr Lieblingsblütenfutter. Mit dieser Auswahl an Arten können Sie Ihre Favoriten gezielt anlocken.

INSEKTEN	EINIGE AUSGEWÄHLTE PFLANZENARTEN (MIT BLÜTEMONAT)
Tagfalter	Alant (VII – IX), Brandkraut (VI – VII), Duftnessel (VII – IX), Hohe Fetthenne (VIII – IX), Indianernessel (VI – VIII), Rote Engelwurz (VII – IX), Scheinsonnenhut (VII – IX), Silge (VII – VIII), Spornblume (VI – IX), Wasserdost (VII – IX)
Nachtfalter	Levkoje (V – IX), Nachtviole (V – VII), Nachtkerze (VI – IX), Phlox (VII – VIII)
Hummeln	Beinwell (VI – VIII), Phacelia (VII – IX), Fingerhut (VI – VII), Frühlings-Platterbse (IV – V), Herzgespann (VII – IX), Küchenschelle (III – IV), Lerchensporn (III – V), Riesen-Schuppenkopf (VII – VIII), Zottiger Ziest (VI – VIII)
Wildbienen	Borretsch (V – IX), Dost (VII – IX), Kugeldistel (VII – IX), Pracht-Nelke (V – VIII), Wiesen-Glockenblume (V – VII)

Übrigens: Fledermäuse sind die Nutznießer eines nachts blühenden Staudenbeetes, das von Nachtfaltern angesteuert wird.

Blackbox-Gardening: Wenn die Natur gärtnert

Staudenrabatten verändern ihr Antlitz, ob wir es wollen oder nicht. Stauden beginnen mit ihren Ausläufern durchs Beet zu wandern und an der ursprünglichen Pflanzstelle sind sie nicht mehr zu sehen, etwa die Gelenkblumen und die Indianernesseln. Andere Arten leben nicht sehr lange, säen sich dafür jedoch bereitwillig aus. Ein- und zweijährige Blütenpflanzen wie der Fingerhut bringen Dynamik in den Garten, wenn sie sich selbst aussäen dürfen. Denn so bleiben die Insas-

Die Akelei kann man wohl als beispielhafte Vertreterin des Blackbox-Gärtnerns ansehen, denn selten bleibt sie dort, wo man sie ursprünglich gepflanzt hat, und setzt sich an anderer Stelle in Szene.

sen der Rabatten zwar gleich, doch setzen sie sich immer wieder neu für ein lebendiges Gartengemälde zusammen. Wenn Sie sich darauf einlassen, können Sie sich stolz als Blackbox-Gardener bezeichnen. Blackbox heißt es, weil man nie genau weiß, was dabei herauskommt, wenn man Pflanzen gärtnern lässt.

ZUSCHAUEN UND SICH ÜBERRASCHEN LASSEN

Wenn Sie das Zufallsprinzip ausprobieren möchten, reicht es aus, in einer schon bestehenden Rabatte ein wenig die Zügel zu lockern. Gute Beobachter kennen schon die Kandidaten, die sich gern aussäen oder durchs Beet wandern. Lassen Sie es dort zu, wo sich gerade Lücken auftun und schauen Sie zu, was passiert. Wenn es nicht gefällt, dann können Sie die Wanderlustigen immer noch an ihren ursprünglichen Platz zurückdrängen.

Es passiert aber auch an anderen Stellen im Garten: Vergissmeinnicht, Ringelblumen, Kornblumen und Kalifornischer Goldmohn erscheinen jedes Jahr aufs Neue, ganz ohne, dass wir etwas tun müssen. Glockenblumen, Fingerhüte, Akeleien und Königskerzen tauchen mit einem Mal an einem Ort auf, wo wir gar nicht mit ihnen gerechnet haben. Natürlicher geht's nicht und auch nicht einfacher. Denn dürfen sich die Pflanzen ihren Standort selbst aussuchen, macht sie das robuster und es minimiert den Pflegeaufwand. Halten Sie Ausschau nach Pflanzen, die wandern und mal hier, mal da in kleiner oder größerer Zahl in Beeten, in Fugen oder unter Sträuchern auftauchen.

DEM ZUFALL AUF DIE SPRÜNGE HELFEN

Sind die Wanderer noch nicht da angekommen, wo Sie sie haben möchten, können Sie Starterpflanzen setzen, die den Anfang machen. Stellen Sie zum Beispiel einen Topf mit genügsamen Steingartenpflanzen wie Zimbelkraut und Teppich-Glockenblume auf einen Weg, dessen Fugen Sie begrünen möchten. Oder Sie schneiden die Samenstände von kurzlebigen Stauden wie Akeleien und Einjährigen wie Borretsch und Knorpelmöhre und streuen die Samen an den Stellen im Garten aus, wo Sie diese Pflanzen gern hätten. Mit etwas Glück gefällt es ihnen dort und sie bleiben für ein paar Jahre, bevor sie sich wieder zu neuen Ufern aufmachen.

EIN BLACKBOX-BEET ANLEGEN

Sie können ein Beet auch von Anfang an als Blackbox-Beet planen. Dafür brauchen Sie einen Mix aus ein- und zweijährigen Arten und kurzlebigen und langlebigen Stauden.

Hummel, Heupferd & Co.

Komponieren Sie Ihre Staudenrabatten so, dass vom Frühjahr bis zum Herbst immer mal etwas blüht. Denn die vielgestaltigen Blüten locken nicht nur Hummeln, Bienen und andere Nektar- und Pollensammler an, sondern auch deren Jäger.

HUMMEL

Stabile Blüten mit sicherem Landeplatz und tief liegenden Nektardrüsen sind bei Hummeln hoch im Kurs, etwa von Fingerhut, Löwenmäulchen, Beinwell, Rittersporn und Wicke. Sie bestäuben auch Obst- und Gemüseblüten und sorgen so für reiche Ernte – und das sogar in kühlen Jahren. Fleißige Hummeln, die viel Pollen gesammelt haben, erkennen Sie an den gelben, vollgefüllten Pollenhöschen an den Hinterbeinen. Häufig zu sehen sind die emsigen Ackerhummeln, Gartenhummeln und Erdhummeln.

SANDBIENE

Vor allem im Frühjahr holen sich die Solitärbienen Pollen und Nektar von Korb-, Dolden- und Schmetterlingsblütlern. Beides tragen sie in ihre bis zu 20 cm tief in die Erde reichenden Nester, wo sie als Nahrung für die Larven dienen. Sandbienen legen ihre Nester an sandigen, kaum bewachsenen Stellen an, erkennbar an aufgeschütteten Sandhäufchen. Häufig sind die Gemeine Sandbiene und die Graue Sandbiene (Foto) zu sehen, die nicht sehr spezialisiert sind. Andere heimische Sandbienen sind dagegen auf bestimmte Pollenpflanzen angewiesen.

FLEDERMAUS

Kurz nach Sonnenuntergang beginnt die nächtliche Jagd für Zwergfledermaus, Breitflügelfledermaus, Großes Mausohr (Foto) und Braunes Langohr. Dabei erbeuten sie nicht nur Nachtfalter und Mücken, sondern pflücken auch Raupen und Käfer von den Sträuchern. Die dämmerungs- und nachtaktiven Schmetterlinge können Sie mit nachts blühenden und duftenden Pflanzen anlocken. Die Fledermäuse jagen gern entlang von Hecken und begrünten Zäunen und Fassaden. Dabei führen sie manch waghalsiges Flugmanöver aus und bleiben sogar schwirrend in der Luft stehen.

GRÜNES HEUPFERD

Mit knapp 4 cm ist das Grüne Heupferd eine der größten heimischen Heuschrecken. Ab Mitte Juli ist es zwischen den Pflanzen zu sehen und auch schon von Weitem zu hören. Denn beim Reiben der Vorderflügel entsteht ein schrilles Zirpen, mit dem die Männchen nicht nur ihr Revier verteidigen, sondern auch um Weibchen werben. Die erwachsenen Heupferde fangen vor allem Insekten, die kleineren Larven ernähren sich von Blattläusen.

STREIFENWANZE

Die prächtig gefärbten Streifenwanzen haben eine Vorliebe für Doldenblütler wie Dill, Fenchel und Wilde Möhre, Engelwurz und Mannstreu. Hier können Sie die Wanzen etwa ab Juni auf den Blüten- und Fruchtständen beobachten, wo sie an den reifenden Samen saugen. Oder man sieht sie bei ihrem bizarren Paarungsritual, bei dem zwei Streifenwanzen Hintern an Hintern sitzen. Im Sommer schlüpfen die Larven, die auch Nymphen genannt werden. Sie sind zwar schon gestreift, aber noch nicht rot gefärbt.

In ein von Unkraut befreites und glatt geharktes Beet werden Ein- und Zweijährige wie Herzgespann, Fingerhut, Königskerze und Nachtkerze und Stauden, die sich gern aussäen, wie Akeleien, Katzenminzen und Duftnesseln, gesät. Langlebige Stauden lassen sich oft nicht so leicht über Aussaat vermehren, da ihre Samen unregelmäßig aufgehen. Setzen Sie dann besser Starterpflanzen, die bald blühen und ihre Samen streuen. Mit der Zeit verändert sich auch eine solche Zufalls-Rabatte kaum noch. Vor allem dann, wenn die mehrjährigen Arten den Boden so sehr bedecken, dass es keine offenen Stellen mehr gibt, wo Sämlinge aufgehen können. Das können Sie so belassen oder Sie legen an einigen Stellen den Boden wieder frei und warten, welche Arten aufgehen. Sie können auch gezielt die verschwundenen Arten nachsäen oder nachpflanzen.

BLACKBOX-PFLANZEN

Für sonnige Bereiche eignen sich unter anderem Stockrose und Eibisch, Schafgarbe, Färber-Hundskamille, Kugelköpfiger Lauch, Wiesen-Kerbel, Stauden-Lein, Frauenmantel, Akelei, Teppich-Glockenblume und Sonnenhut. Im Halbschatten breiten sich gern Sterndolde, Wald-Glockenblume (nach der Blüte zurückschneiden, sonst breitet sie sich unbotmäßig aus), Farnblatt-Lerchensporn, Balkan-Storchschnabel, Gefleckte Taubnessel, Frühlings-Platterbse, Gelber Lerchensporn und Duft-Veilchen aus. In Schattenbeeten können Sie Kaukasusvergissmeinnicht, Rasen-Schmiele, Stinkende Nieswurz, Nachtviole und Mondviole, Haselwurz, Braunen Storchschnabel, Salomonssiegel und Großgeflecktes Lungenkraut ansiedeln. Einige frühjahrsblühende Zwiebelpflanzen verwildern von allein: Schneeglöckchen, Winterlinge, Krokusse, Narzissen, Wildtulpen, Blausternchen und Puschkinien.

Mit Weiden flechten

Aus biegsamen Weidenruten lassen sich allerlei nützliche Dinge für den Naturgarten flechten, zum Beispiel Beeteinfassungen, Staudenstützen und Obelisken für Kletterpflanzen. Geschnitten werden die Ruten von November bis März. Fragen Sie bei Ihrer Gemeinde oder bei Naturschutzverbänden nach, ob auch in Ihrer Nähe Kopfweiden stehen und bei Pflegearbeiten Weidenruten als Schnittmaterial anfallen. Fertige Bündel von Weiden können Sie auch im Online-Handel bestellen. Übrigens sind auch Haselruten gut zum Flechten geeignet.

NUR NICHT ZU VIEL PFLEGE

Für ein Blackbox-Beet brauchen Sie ein gewisses Maß an Vertrauen in die Natur, denn starke Eingriffe wie in anderen Staudenrabatten sind nicht notwendig oder erwünscht. Im ersten Jahr wird noch mit Kompost gedüngt und gewässert. Danach gibt es nur noch in sehr, sehr trockenen Sommern Wasser. Nach ein paar Jahren bekommen Sie einen Blick dafür, welche Arten sich dominant verhalten, welche Arten verdrängt werden. Die Dominanten werden bis auf wenige Sämlinge entfernt und die Samenstände schon nach der Blüte zurückgeschnitten, die Bedrängten werden gefördert. Greifen Sie nur dann ein, wenn eine Art sich zu stark ausbreitet, etwa die mächtigen Königskerzen und Nachtkerzen. Deren Blattrosetten sind leicht zu erkennen.

TROCKENSTEINMAUERN

An sonnenexponierter Stelle werden Trockensteinmauern flugs von wärmeliebenden Eidechsen, Wildbienen und Laufkäfern besiedelt. In den Ritzen und Höhlen, die beim Aufschichten der Steine entstehen, finden diese und andere Tiere Nist- und Rückzugsmöglichkeiten.

Trockensteinmauern werden ohne kittenden Mörtel errichtet. Allein das Gewicht der aufgeschichteten Steine macht sie stabil. Tiere und Pflanzen finden auf und in der Mauer einen Raum zum Leben. Dank der abwechslungsreichen Strukturen sind sie ein ganz ausgezeichnetes Jagdrevier für Eidechsen. Für andere kleine Räuber sind sie Ausgangspunkt für nächtliche Jagdtouren durch den Garten. Die sonnenbeschienene Außenseite ist nur der offen sichtbare Bereich einer Trockensteinmauer. Denn ebenso lebendig ist es im Inneren. Hier finden Eidechsen tagsüber ein geschütztes, kühles Plätzchen. Die in der Dämmerung jagende Blindschleiche verschlummert den Tag. Und die kleinen Spitzmäuse wissen die trockenen Hohlräume als Nest zu schätzen, vor allem wenn gleich vor der Haustür genügend Insektenfutter umherwuselt, an dem sie sich sattfuttern können.

Wärmeinseln

Nicht nur Eidechsen genießen das morgendliche Sonnenbad auf den warmen, fast heißen Steinen. Auch wir Menschen und einige Pflanzen mögen die von den Steinen abgestrahlte Wärme. Trockensteinmauern und andere Mauern speichern in ihren Steinen die Sonnenwärme und geben sie abends und nachts langsam wieder ab. Da kann es passieren, dass auf den Steinen extremste 70 °C herrschen, während es in den Mauerritzen gerade mal 15 °C kühl ist. Am stärksten ist dieser Effekt, wenn die Mauern in Ost-West-Richtung gebaut werden und die Sonne auf die gesamte Südseite strahlen kann. So entsteht eine Sonnenfalle, vor der Sie kälteempfindliche Pflanzen aufstellen können. Mit der Steinwahl können Sie sogar bestimmen, ob eher Wärme gespeichert oder Sonnenlicht reflektiert wird. Denn dunkle Steine speichern mehr Wärme als helle Steine. Das kommt vor allem wärmeliebenden Pflanzen in klimatisch rauen Regionen zugute. Helle Steine reflektieren dagegen mehr Sonnenlicht und können das Reifen von Fruchtgemüse und Obst fördern.

Wenn jedoch kein Platz für eine Trockensteinmauer ist, können Sie auch einzelne Feldsteine oder Steinplatten als Wärmespeicher in Kräuter-, Stauden- und Gemüsebeeten verteilen. Für Tiere sind die Einzelsteine allerdings kein interessanter Lebensraum. Für die können Sie ein zwei- oder dreireihiges Mäuerchen als Beeteinfassung bauen, einen Turm aus Gabionen aufstellen, der mit unregelmäßig gebrochenen Steinen gefüllt ist, oder einen Steinhaufen nach **Trockensteinmauerprinzip** aufschichten Tipp Seite 44.

← Mauern aus behauenen Natur- oder Betonsteinen fügen sich gut in Landhausgärten ein. In den weiten Fugen siedeln sich mit oder auch ohne Ihre Hilfe genügsame Pflanzen wie z. B. Fetthenne und Thymian an.

Die dunklen Schieferplatten lassen die Trockensteinmauer elegant wirken, selbst wenn die scharfen Kanten durch das Mauer-Zimbelkraut überdeckt werden. Schiefer passt vor allem in modern gestaltete Gärten. →

Trockensteinmauern einbinden

Selbst niedrige Trockensteinmauern können schnell zum Fremdkörper avancieren. Planen Sie darum genau, wo solch ein Mäuerchen Sinn macht. Wo können Sie es als Sonnenfalle einsetzen und an welcher Stelle steht es gut mit anderen Lebensräumen im Garten in Verbindung, damit die Tiere von hier nach da huschen können? Mauern können beispielsweise Raumteiler zwischen Gartenräumen sein, im Grenzbereich zum Nachbarn stehen, eine Terrasse einfassen oder den Höhenunterschied in Senkgärten abfangen.
Anschluss finden die Mauern an Staudenrabatten, an Kräutergärten, vielleicht sogar am Ende einer Kräuterspirale. Sie können am Rand einer Blumenwiese oder Hecke stehen oder den Rahmen für einen Stein- und Schottergarten bilden. Auf der Nordseite eines Teiches gebaut, kann sich der Sonnenfalleneffekt der Steinmauer sogar noch potenzieren. Denn die Wasseroberfläche reflektiert die Sonnenstrahlen auf die Mauer, die noch mehr Wärme speichern kann. Ein Beet zwischen Mauer und Teich profitiert von diesen besonderen Standortbedingungen.

Steinhaufen

Anstelle einer Trockensteinmauer können Sie auch einen Steinhaufen aufschichten. Dafür brauchen Sie etwa 1 m2 Fläche. Die eher runden und großen Steine werden so aufgeschichtet, dass zwischen ihnen Hohlräume entstehen. In die können sich Eidechsen, Spitzmäuse und andere Kleinsäuger und einige Insektenarten zurückziehen. Errichten Sie den Steinhaufen wie die Trockensteinmauer auf einem Fundament.

Mauerblümchen

Selbst eine „nackte“ Trockensteinmauer wird mit der Zeit grün, wenn sich in den Ritzen Humus ansammelt und sich Pflanzen ansiedeln. Sie können schon beim Aufschichten der Mauer zwischen den Steinen einer Reihe größere Lücken lassen. In die können Sie später kleine Pflänzchen setzen oder Samen säen. Je nach Lage an der Mauer haben Sie die Wahl zwischen eher sonnenliebenden und trockenheitsverträglichen oder schattenliebenden Winzlingen. In den Fugen der sonnigen Südseite gedeihen alpine Polsterpflanzen und Steingartenpflanzen, wie der von Schwebfliegen umschwärmte Duftsteinrich, die immergrüne Felsen-Schleifenblume, die gelb blühende Felsen-Steinkresse, die grasähnliche Grasnelke, die zierliche Heide-Nelke, Mauerpfeffer und die ausläuferbildende Zwerg-Glockenblume. Bepflanzen Sie die Südseite jedoch nur verhalten und drängen Sie zu starken Bewuchs zurück, denn unter der Pflanzendecke können die Steine keine Wärme mehr speichern. Zu dicht bewachsene Mauern sind auch nicht mehr attraktiv für Tiere, denn sie haben dann keinen Platz mehr, um sich zu sonnen und zu jagen. *Sedum*-Arten zum Beispiel nehmen sich im Wachstum sehr zurück, blühen dennoch sehr intensiv und locken Insekten an. In den trockenen Fugen auf der beschatteten Nordseite fühlen sich Gelber Lerchensporn, das sich durch Samen verbreitende Mauer-Zimbelkraut und der Braune Streifenfarn wohl. Am etwas feuchteren Mauerfuß gedeihen Duft-Veilchen, Wald-Erdbeeren und Pfennigkraut. Auf der Mauerkrone können Sie einzelne Decksteine weglassen und kleine Hochbeete anlegen, in denen genügend Wurzelraum für mediterrane Kräuter wie Thymian, Salbei, Berg-Bohnenkraut und Lavendel ist, die den warmen und gut durchlässigen Standort lieben werden. Füllen Sie ein Erde-Sand-Gemisch in die Fugen und in die entstandenen Beete auf der Mauerkrone, setzen Sie die Wurzelballen waagerecht in die Fuge und wässern Sie vorsichtig.

Mauertierchen

Versuchen Sie beim Bau, verschieden große Fugen zu schaffen, um möglichst verschiedenen Tieren einen Rückzugsraum zu bieten. Eidechsen mögen beispielweise sehr enge Ritzen. Möchten Sie Eidechsen nicht nur ein abwechslungsreiches Jagdrevier bieten, sondern sie dauerhaft ansiedeln, brauchen die Reptilien auch eine Sandkuhle für den Nachwuchs. Denn die Eidechsen legen ihre Eier in sonnenbeschienene, warme, trockene Sandflächen ab. Die können Sie zum Beispiel direkt an der Trockensteinmauer in einer Schotterfläche anlegen. Beim Bau können Sie in der unteren Reihe **Kleinsäugersteine** für Spitzmaus und Co. einbauen Seite 98. Für höher gelegene Reihen gibt es auch Nisthilfen für Wildbienen und höhlenbrütende Singvögel.

Eine Trockensteinmauer bauen

Der Bau einer Trockensteinmauer ist ein Projekt für mehrere Tage, das gut geplant werden sollte. Verwenden Sie – wenn möglich – Natursteine aus der Region. Granit, Gneis, Porphyr und Quarzit sind besonders frostfest, Sandstein geht zwar auch, ist aber nicht sehr frostständig und sollte nicht zur Hangbefestigung verwendet werden. Sie können auch

Eidechse, Spitzmaus & Co.

Trockensteinmauern haben interessante tierische Untermieter, auch wenn sich die meist nur abends und nachts aus dem Schutz der Steine herauswagen. Die Mauerblümchen locken Schnecken, Käfer und andere Insekten an, doch zu viele Pflanzen überwuchern die begehrten, sonnengewärmten Steine.

MAUEREIDECHSE

Die wechselwarmen, etwa 15–20 cm langen Reptilien sonnen sich gern auf den warmen Steinen. Doch die entspannte Ansicht trügt, denn bei Gefahr, etwa wenn Sie einen Schatten werfen, verschwinden die Eidechsen blitzschnell in den Spalten zwischen den Steinen. Die tagaktiven Tiere erbeuten in ihrem Revier Nacktschnecken, Fliegen, Ohrwürmer, Grashüpfer und Zikaden, Tausendfüßler und Regenwürmer.

WOLFSSPINNE

Im Schutz der Mauerritzen warten die dicht behaarten, bis zu 3 cm großen Spinnen mit den kräftigen Laufbeinen, bis es dunkel wird. Dann suchen sie sich ein günstiges Plätzchen und legen sich auf die Lauer nach Insekten und anderen Spinnen. Die Wolfsspinnen mit ihrem Markenzeichen, den vier großen und vier kleinen Augen, sind vortreffliche Jäger. Mit ihren kräftigen Kieferklauen beißen sie zu und saugen ihre Beute aus. Ihren Nachwuchs tragen die Spinnenmütter in einem Kokon mit sich, um ihn vor Feinden zu schützen.

SPITZMAUS

Auch wenn die Spitzmaus hauptsächlich nachts unterwegs ist, kann man sie auch tagsüber zu Gesicht bekommen, wenn sie in der Nähe der Trockensteinmauer umherhuscht. Denn das nur 8–11 cm große Tierchen hat eine so hohe Stoffwechselrate, dass es ständig auf der Suche nach Futter ist. Seinen nie enden wollenden Hunger stillt der Kleinsäuger mit Käfern, Insektenlarven, Spinnen, Schnecken und Tausendfüßlern. In einer Höhle legen Spitzmäuse ihre Nester an, wo sie von März bis Oktober in mehreren Würfen ihre Jungen großziehen.

MAUERBIENE

An südexponierten Trockensteinmauern legen die solitär lebenden Wildbienen ihre Nester in Ritzen und Spalten zwischen den Steinen an. Sie nisten aber auch gern in Bambusstängeln und gebohrten Holzblöcken in Insektenhotels. Für ihre Larven sammeln sie Pollen und Nektar, den sie mit den Eiern in hintereinanderliegenden Brutzellen legen. Die Nester verschließen sie mit einem Lehmstopfen. Gehörnte und Rote Mauerbiene fliegen recht früh im Jahr und sind wichtige Bestäuber für unsere Obstbäume.

GOLDLAUFKÄFER

Die wärmeliebenden, grün schillernden Goldlaufkäfer können Sie von April bis September über die Steine der Trockensteinmauer und in deren Nähe flitzen sehen. Sie sind dann auf der Jagd nach Insekten, nehmen es aber auch mit deutlich größerer Beute auf, etwa Regenwürmern und Schnecken. Und die agilen, etwa 3 cm großen Käfer verfolgen ihre Beute auch schon mal bis in luftige Stauden- oder Baumeshöhen. Ihre schwarzen Larven gehen im Schutz der Nacht auf die Jagd nach Insekten und Co.

Steinreste recyceln, etwa Betonreste oder gebrannte Ziegel. Schlichten, modernen Gärten stehen Mauern aus aufgeschichteten Schieferplatten. Lassen Sie sich von einem Garten- und Landschaftsbau-Unternehmen helfen, wenn Sie unsicher sind. Denn die Mauer soll ja schließlich mehrere Jahre, wenn nicht Jahrzehnte stehen.

Trockensteinmauer

Heben Sie die schönsten Steine für die Außenseite auf und verstecken Sie die weniger schönen im Inneren.

Die Mauer wird auf einem 30 – 40 cm tiefen Fundament errichtet. In flachem Gelände werden freistehende Mauern mit zwei Wänden gebaut, in hügeligem Gelände baut man die Mauern in den Hang, sodass sie nur eine Wand haben. Die Steine werden mit einem Neigungswinkel von 10 – 12 % im Längsverband aufgeschichtet. Verbauen Sie die großen Steine in den unteren Reihen und werden Sie nach oben hin kleiner. Während die Mauer wächst, wird das Innere mit Bruchsteinen oder Schotter und sandigem Humus verfüllt und verdichtet. Latten und Schnüre helfen dabei, dass die Mauer gerade wird. Schließen Sie die Oberkante der Mauer mit Decksteinen ab, sofern keine Pflanzbeete entstehen sollen.

Rechnen Sie für 3 m² Mauer mit ungefähr einer Tonne (!) Trockenmauersteine. Daneben benötigen Sie für die Füllung Dränageschotter oder andere Füllsteine.

Wie viel Sie davon brauchen, können Sie mit dieser Formel ausrechnen: Mauerhöhe (m) × Mauerlänge (m) × 0,6 = Füllung in m³.

HECKEN

Singvögel und Kleinsäuger, eine Vielzahl von Käfern und anderen Insekten, Spinnen und Amphibien suchen freiwachsende Hecken auf, um hier zu nisten, sich rein pflanzlich zu ernähren oder tierische Beute zu jagen. Auch für kleine Gärten gibt es Heckenlösungen.

Hecken in der freien Natur bestehen aus einzelnen höheren Bäumen, verschieden hohen Sträuchern, einer Schicht aus Bruchholz und Bodendeckern und einem Saum aus Stauden und Wildkräutern. Das bietet Vögeln und Kleinsäugern einen abwechslungsreichen Lebensraum. Singvögel brüten im Unterholz in Bodennähe wie der Zilpzalp oder in höher gelegenen Astgabeln wie Amseln und Drosseln. Buntspechte, Stare und Ringeltauben besuchen höhere Bäume wie Wild-Apfel, Vogel-Kirsche und Eberesche. Wildbienen und Käfer nisten im Totholz. Im Heckensaum mit Wiesenpflanzen oder Stauden schlürfen Schmetterlinge wie C-Falter, Zitronenfalter und Landkärtchen Blütennektar, während sich ihr Nachwuchs an den Heckenpflanzen gütlich tut. Sogar Libellen wie Blaugrüne und Braune Mosaikjungfer können Sie in Heckennähe entlanghuschen sehen, denn sie entfernen sich bei ihren Jagdausflügen schon mal einige Meter vom Teich. Selbst Laubfrösche suchen bevorzugt sonnige Heckenecken mit Wildrosen und Brombeeren auf.

Freiwachsende Hecken

Breite und sich lang erstreckende Naturhecken können im Garten leider kaum nachgeahmt werden, sie sind einfach viel zu umfangreich. Hecken sind normalerweise drei- oder mehrreihig aufgebaut, um verschiedene Lebensräume zu bieten, und sollten etwa 5–6 m breit sein. Denn je breiter die Hecke ist, desto tiefer im Inneren können Singvögel ihre Nester anlegen, die dann vor Nesträubern wie Elstern und Eichhörnchen geschützt sind. In kleinen Gärten reicht es aus, eine etwa 2 m breite einreihige Hecke anzulegen.
Ideal sind Heckenlängen zwischen 5 und 15 m. Dabei müssen die Hecken nicht schnurgerade gepflanzt werden. Natürlicher wirkt es, wenn einige Gehölze „aus der Reihe tanzen" oder leichte Wellen eingeplant werden. Pflanzen Sie abwechselnd hohe und niedrige Sträucher und einzelne Bäume als Blickfänge. Versuchen Sie, unterschiedlich alte Gehölze zu erstehen oder eine Hecke über mehrere Jahre aufzubauen, damit sie noch natürlicher wirkt.

Die rot-orangenen Früchtchen der Pfaffenhütchen sind die Lieblingsspeise der Rotkehlchen. Doch Vorsicht: Für uns Menschen sind diese Früchte giftig. Das Gehölz kann bis zu 4 Meter hoch werden und passt gut in eine Hecke auf nährstoffreichem Boden.

DER AUFBAU

Mehrreihige Hecken bestehen aus Heckenkern und Heckenmantel. In der mittleren und in der hinteren Reihe stehen die höheren Gehölze. Kleinere Sträucher wie Johannisbeeren oder Himbeeren werden in Gruppen von drei, fünf oder sieben Stück in die vordere Reihe gesetzt. Niedrige Sträucher mit kurzen Ausläufern wie Zimt-, Kartoffel- oder Essig-Rose schließen die Hecken. Schlehen, Sanddorn, Feuerdorn, Weißdorn und andere dornige Sträucher lassen zwar kleine Tiere in die Hecke, halten jedoch größere, meist räuberische Tiere fern, auch unsere geliebten Katzen. Und machen sie so sicherer für brütende Vögel.
Stellen Sie eine Hecke aus mehreren Arten zusammen, um möglichst viele Tiere zu beglücken. Ihre Hecke sollte wenn möglich über einen langen Zeitraum Blütennahrung für Insekten und Früchte für Vögel und andere Tiere bereithalten. Behalten Sie dabei auch die Standortansprüche und die späteren Ausmaße der Pflanzen im Blick. Bei der Zusammenstellung helfen Ihnen Naturschutzverbände und Baumschulen. Einige Baumschulen führen sogar Pakete mit Heckenpflanzen für verschiedene Ansprüche. Im Service auf Seite 151 sind empfehlenswerte heimische **Heckensträucher** zusammengestellt.

VOGEL-LIEBLINGE

Wenn die Singvögel abstimmen könnten, würden sie vermutlich die Eberesche zu ihrem Lieblingsbaum küren. Auf diesem Baum finden 63 verschiedene Vogelarten das eine oder andere Futter. Denn nicht nur seine orangefarbenen Früchte sind interessant, sondern auch die vielen Insekten, die auf ihm herumkrabbeln. Auf Platz 2 ist der Schwarze Holunder. Auf den weiteren Rängen stehen Vogel-Kirsche, Trauben-Holunder und Himbeere. Auf den Plätzen 6 bis 10 folgen Rote Johannisbeere, Faulbaum, Weißdorn, Brombeere und Wildrosen.

SÄUGETIER-LIEBLINGE

Auch die kleinen Säugetiere mögen Wildrosen, Himbeeren und Weißdorn, doch werden sie eher auf den mittleren Rängen ihrer Top 10 eingeordnet. Ihr wahrer Favorit ist der Wild-Apfel, den 35 Arten von Kleinsäugern am liebsten aufsuchen. Auf Platz 2 und 3 folgen Haselstrauch und Wild-Birne. Auf den weiteren Plätzen stehen Roter Hartriegel, Kornelkirsche, Weide und Pfaffenhütchen, Trauben-Kirsche und Schlehe.

HECKENSAUM

Naturhecken stehen nicht allein in Feld und Flur. Sie werden von Stauden und Blumenwie-

Die kleine Haselmaus ist ein Kletterkünstler. Ihr langer Schwanz hilft beim Balancieren im dichten Heckengestrüpp. Das scheue Tierchen ernährt sich von Früchten, Insekten und Schnecken. Von Oktober bis April hält es Winterschlaf. →

← Die schwarzen Holunderbeeren können ab August geerntet werden. Fruchtsorten wie 'Sampo' und 'Haschberg' reifen im Gegensatz zur Wildform gleichmäßig ab. Vorsicht: Roh sind die Beeren ungenießbar.

sen gesäumt, die einen fließenden Übergang von einem zum anderen Lebensraum garantieren. Planen Sie einen etwa 1–2 m breiten Streifen ein, auf dem Wildkräuter wachsen dürfen. Der Blühstreifen wird Ende Juni einmal gemäht. Pflanzen Sie hier auch Frühblüher, die während der kurzen Zeit im Frühjahr unter den noch laublosen Sträuchern blühen. Von den Blüten und Samen der Kräuter im Heckensaum ernähren sich Insekten und Vögel. Halten Sie Ausschau nach speziellen Samenmischungen für krautige Heckensäume und für verschiedene Standortbedingungen. Auch ein Reisighaufen in oder an der Hecke wird als Nest oder Versteck angenommen, zum Beispiel von Rotkehlchen.

Fruchthecken

Fruchthecken bieten Gaumenschmaus für Vogel und Mensch, auch wenn die Vögel manchmal schneller ernten. Die Früchte der meisten Wildobstarten laden mit ihrem sauren, herben Geschmack nicht gerade zum Naschen ein. Sie müssen erst gekocht, entsaftet oder anders verarbeitet werden. Frühblühende Arten decken auch den Tisch für die ersten Hummeln und Wildbienen: Haselstrauch, Kornelkirsche, Kirschpflaume und Scheinquitte. Die ebenfalls früh blühende Schlehe ist nur für große Gärten und breite Hecken geeignet, denn mit ihren Ausläufern unterwandert sie nicht nur schmalere Hecken, sondern auch die angrenzenden Beete und sogar den Nachbargarten. Ebenso zudringlich ist der Sanddorn. Großfrüchtige Wildrosen für die Herstellung von Hagebuttenmark haben zum Beispiel die Kartoffel-Rose, die Apfel-Rose, *Rosa sweginzowii* mit flaschenförmigen Früchten und die *Rosa-canina*-Sorte 'PiRo 3'. Geeignete **Wildobstarten** für Hecken finden Sie im Service auf Seite 151.

Auch überzählige Himbeerpflanzen und über Absenker oder Steckhölzer vermehrte Johannisbeeren und Stachelbeeren können Sie in der Hecke unterbringen. Nur müssen Sie dann auch bereit sein zu teilen …

Holunderblüteneis am Stiel

Pflücken Sie im Juni zur Holunderblüte ein paar der weißen Dolden und zaubern Sie daraus ein blumig-erfrischendes Eis am Stiel. Das Rezept ist ausreichend für 4–6 Personen.

Zutaten

1 kg Zucker, 10 Holunderblütendolden, 1 Bio-Zitrone, 500 g Joghurt, 80 ml Sirup, 75 ml Sahne

1 | Zunächst wird ein Sirup hergestellt. Dafür Zucker und 1 l Wasser aufkochen und die in Scheiben geschnittene Zitrone und die Blütendolden damit übergießen. 1–2 Tage im Kühlschrank ziehen lassen und abseihen.

2 | Dann Joghurt und Sirup verrühren. Sahne steif schlagen und unterheben. Die Masse in Eis-am-Stiel-Förmchen füllen und für mindestens 4 Stunden in den Tiefkühler stellen.

3 | Den restlichen Sirup noch einmal aufkochen und heiß in Flaschen füllen – für die nächste Runde Eis oder den Sektcocktail.

Blütenreiche Hecken

Sollen noch mehr blütenbesuchende Insekten auf ihre Kosten kommen, können Sie den Schwerpunkt Ihrer Hecke auf eine lange Blütezeit legen. Arten mit viel Pollen und / oder Nektar sind zum Beispiel Kirschpflaume bzw. Blutpflaume (Blüte im März), Felsenbirne (Blüte im April), Goldregen (Blüte im April), Flieder (Blüte im Mai), Deutzie (Blüte im Mai), Weigelie (Blüte im Mai–Juni und September), Bauernjasmin (Blüte im Mai–Juni) und Sommerflieder (Blüte Juli–Oktober). Die im Vorfrühling blühende Forsythie ist leider nur ein fröhlicher gelber Farbtupfer, denn ihre Blüten sind Mogelpackungen. Sie enthalten weder Pollen noch Nektar. Dennoch sind sie als Frühlingsboten und phänologischer Anzeiger ein wichtiges Gartengehölz (**Phänologischer Kalender** Seite 150).

ROSENHECKEN

Strauch- und Wildrosen können Sie gut als niedrige, etwa 1–2 m hohe Hecke ziehen, die zum Beispiel im Hintergrund einer Staudenrabatte oder als Raumteiler eingesetzt werden kann. Verwenden Sie für kurze Hecken nur eine Sorte bzw. Art, damit es nicht zu kunterbunt wird. Je länger die Hecke ist, desto mehr verschiedene Blütenfarben können Sie hineinweben. Ungefüllte Sorten sind wertvoller für Insekten als gefüllte. Öfterblühende Sorten bringen einen Blütenflor von Juni bis Oktober, während die einmalblühenden Rosen ihr Blütenfeuerwerk nur im Juni versprühen. Wildrosen tragen im Sommer sehr viele Hagebutten, die bei Vögeln beliebt sind. Rosensträucher können relativ dicht gesetzt werden, je nach Höhe mit einem Abstand zwischen 0,6 und 1 m. Für Wildrosenhecken eignen sich zum Beispiel die Kartoffel-Rose, die von Juni bis Oktober blüht und große Früchte trägt, und die Hecht-Rose mit blaubereiften Blättern. Fragen Sie bei Rosenbaumschulen nach, welche Rosen sich für Naturgartenhecken eignen. Einige bieten sogar Hecken-Pakete mit verschiedenen Sorten an.

Ab August tragen die Wildrosen viele Hagebutten, die bei Mensch und Tier gleichermaßen begehrt sind. Sehr einfach zu verarbeiten sind große Früchte wie die der Kartoffel-Rose.

SOMMERFLIEDER – HOPP ODER TOPP?

Im Spätsommer und Herbst gibt es nur noch wenige Nektarpflanzen, die blühen. Der Sommerflieder ist einer von ihnen. Zudem ist er dafür bekannt, dass er ein sicherer Schmetterlingsmagnet ist und Schmetterlingsliebhaber kommen nicht umhin, ihn zu pflanzen. Doch ist er in den letzten Jahren in Verruf geraten. Man hat beobachtet, dass die bunten Falter vom glycosidhaltigen Nektar abhängig werden, sobald sie ihn einmal gekostet haben. Sie sollen dann selbst andere blühende Pflanzen links liegen lassen. Den Schmetterlingsraupen schmecken seine Blätter nicht und so finden auch Singvögel kein Raupenfutter für ihren Nachwuchs. In einigen Ländern Europas gilt der Sommerflieder bereits als invasiver Neophyt, der sich in der Natur ausbreitet. Dennoch müssen Sie den Sommerflieder nicht aus Ihrem Garten verbannen. Denn immerhin die Schmetterlinge können sich von seinem Nektar ernähren. Achten Sie nur darauf, dass sich der Sommerflieder nicht aussäen kann: Schneiden Sie darum die Blütenstände nach der Blüte zurück, denn die Samen werden leicht vom Wind verweht. Spätblühende, auch von Insekten besuchte Gehölz-Alternativen sind die heimische Kartoffel-Rose, die am Mittelmeer heimischen Mönchspfeffer und Strauch-Eibisch, die aus Asien stammenden Rispen-Hortensie und Raue Hortensie. Auch bei den **Stauden** gibt es einige spätblühende Arten Seite 33.

Schnitthecken

Selbst in streng geschnittenen Liguster-, Hainbuchen- und Lebensbaumhecken finden Singvögel und kleine Säugetiere Unterschlupf und Nistmöglichkeiten, wenn auch weniger Nahrung als in einer freiwachsenden Wildstrauchhecke. Im Winter sind immergrüne Sträucher wichtige Verstecke, denn sie tragen auch im Winter ihr Laub: Eibe, Thuja, Buchs, Liguster und Feuerdorn. Die Hainbuche ist zwar nicht immergrün, behält ihr trockenes Laub jedoch im Winter und lässt es erst im Frühjahr fallen. Schnitthecken können nicht einfach in eine freiwachsende Hecke umgewandelt werden, indem man sie nicht mehr schneidet. Dafür stehen die Pflanzen zu dicht. Sie würden unter dem plötzlichen Lichtmangel an der Basis verkahlen. Werten Sie stattdessen die Hecke auf, indem Sie etwa am Ende einen Teil der Hecke roden und durch Wildsträucher ersetzen. Tauschen Sie an dieser Stelle den Boden großzügig aus! Oder Sie setzen Wildsträucher als Brücken von der Schnitthecke zu anderen Lebensräumen im Garten ein. Schneiden Sie die Hecken nicht während der Brutzeit von März bis Ende Oktober, oder vergewissern Sie sich, dass keine Vögel brüten, wenn Sie Eingriffe mit motorisierten Geräten planen.

Solitär statt Hecke

Wenn der Platz für eine freiwachsende Hecke nicht ausreicht, können Sie auch einzelne Wildsträucher oder Wildstrauchgruppen pflanzen. Gut als Solitäre eignen sich: Eberesche, Holunder, Faulbaum, Felsenbirne, Wild- oder Zierapfel, Rosen und Weißdorn. Schauen Sie sich die Struktur und Verteilung der Gehölze in Ihrem Garten genauer an: Könnte man durch Hinzusetzen einzelner Sträucher oder Bäume ein lockeres Heckenband erzeugen?

Setzen Sie niedrige Blütenhecken, etwa aus Schneeball-Hortensien, als Raumteiler im Garten ein.

Eine Hecke pflanzen

Von Ende Oktober bis Ende April ist Pflanzzeit für Gehölze, sofern es frostfrei ist. In dieser Zeit bieten viele Baumschulen und Gärtnereien die Heckenpflanzen wurzelnackt an, das heißt ohne Ballen. Gerade, wenn man größere Mengen für eine Hecke braucht, sind sie günstiger als die teureren Ballen- oder Containerpflanzen. Containerpflanzen können Sie sogar das ganze Jahr über pflanzen, etwa um Lücken in der Hecke zu füllen.

Wenn Sie gleich mehrere Gehölze Ihrer Hecke auf einmal pflanzen wollen, heben Sie am besten einen großzügig bemessenen Pflanzgraben von 30 cm Tiefe und Breite aus. Bei Ballen- und Containerpflanzen sollte der Graben etwa ein Drittel größer sein als der Wurzelballen. Für einzelne Nachpflanzungen reicht ein Pflanzloch aus. Lockern Sie den Boden in der Pflanzgrube tiefgründig mit einer Grabegabel. Wässern Sie die Pflanzen vor dem Einsetzen etwa ein bis zwei Stunden. Die ausgehobene Erde wird mit reifem Kompost gemischt und ein Teil davon in die Pflanzgrube zurückgegeben. Dann werden die Pflanzen nach und nach gepflanzt, wobei das restliche Erdegemisch verwendet wird.

Nach dem Pflanzen wird gründlich gewässert, damit die Wurzeln Kontakt zum Erdreich bekommen, und gegebenenfalls noch

Hecke mal anders

Schichten Sie Holz, das beim Baum- und Heckenschnitt anfällt, als Benjes- oder Totholzhecke auf. Je länger die Äste, desto weiter kann der Abstand zwischen den Holzpfosten sein, die die Hecke vorne und hinten stützen. So können Sie nicht nur fabelhaft Ihr Schnittgut in einem schmucken Gartenelement verwerten, sondern gleichzeitig auch Singvögeln, kleinen Säugetieren, Reptilien, Amphibien und Insekten einen Unterschlupf anbieten. Während das Holz verrottet, sackt die Hecke etwas zusammen, kann aber mit neuem Schnittholz wieder auf Höhe gebracht werden. Mit der Zeit siedeln sich Stauden und Gehölze in dem lockeren Wall an und machen ihn stabiler.

Erde nachgegeben, wenn sie versackt. Zum Schluss kommt eine Schicht Mulch auf die Baumscheiben.

PFLANZABSTÄNDE

In einer gemischten, freiwachsenden Hecke stehen die einzelnen Pflanzen etwa 2–2,5 m auseinander. Gehölze mit ausladenden Kronen bekommen noch mehr Raum, damit sie sich gut entwickeln können. Das mag anfangs recht locker und durchlässig aussehen, doch die Pflanzen werden die Lücken bald schließen. Denn stehen die Pflanzen zu dicht, behindern sie sich gegenseitig und konkurrieren um Licht, Nährstoffe und Wasser. Sie können einen Kompromiss eingehen und die Hecke anfangs enger pflanzen, um ein dichteres Bild zu erzeugen, und nach ein paar Jahren die überzähligen Pflanzen wieder entfernen.

GRENZABSTAND

Hecken werden meist aus Platzgründen an den Gartenrand gesetzt. Berücksichtigen Sie hier die Grenzabstände zum Nachbarn oder zu öffentlichen Grundstücken. In der Regel beträgt der Grenzabstand 1 m bei 3 m hohen Hecken. Fragen Sie bei Ihrer Gemeinde nach, welche Regelungen es gibt. Und sprechen Sie des lieben Frieden willens auch vorher mit Ihren Nachbarn.

Pflegeeinheiten für Hecken

Freiwachsende Hecken brauchen wenig Pflege, wenn sie erst einmal etabliert sind. Im ersten Standjahr wird während langer Trockenphasen im Frühling und Sommer gegossen, damit die Pflanzen gut anwachsen. Fruchtgehölze sollten auch in späteren Jahren gegossen werden, wenn die Sommer heiß und trocken sind. Die Früchte könnten sonst vertrocknen. Ein strenger Rückschnitt ist nicht notwendig, allenfalls ein Auslichtungsschnitt alle paar Jahre.

Igel, Erdkröte & Co.

Hecken sind fabelhafte Biotope, in deren Nähe Sie Ihrer Fantasie freien Lauf lassen können, während Sie den Geräuschen lauschen: Wer schnauft und raschelt da durchs Geäst? Wer huscht flink am Boden entlang? Und wer ist da auf einmal so verdächtig still?

KERNBEISSER

Im Sommer hört man es in der Hecke zwitschern, schnattern und pfeifen. Zu sehen sind die scheuen Finken während der Brutzeit eher selten. Die Singvögel haben einen kräftigen Schnabel, der nahezu perfekt zum Knacken von großen und kleinen Sämereien ist. Kernbeißer und andere Finken wie Dompfaff, Grünfink, Distelfink und der kleinere Hänfling bevölkern gern abwechslungsreiche Wildfruchthecken mit höheren Gehölzen und einem Saum aus samenreichen Stauden und Kräutern. Die meisten Finken sind Vegetarier, einige verputzen auch kleinere Insekten.

ERDKRÖTE

Im März erwachen die etwa 11 cm großen Erdkröten aus ihrer Winterstarre. Für ihre Wanderungen von und zum Laichgewässer nutzen sie Hecken und Heckensäume. Dabei können Sie Erstaunliches beobachten: Die kleineren Männchen lassen sich huckepack von ihren größeren, auserwählten Damen zum Teich tragen. Hier legen die Weibchen den Laich in Schnüren an Pflanzenstängeln am Ufer ab. Die anspruchslosen Amphibien sind nachtaktiv und futtern Schnecken und Insekten.

IGEL

Des Nachts raschelt, schnauft und grunzt der Igel durchs Unterholz der Hecke und sucht ohne Angst vor Entdeckung nach Würmern, Insekten und Schnecken. Dank seines stacheligen Rückens kann er sich den Lärm wohl auch erlauben. Igel sind Einzelgänger mit großen Revieren. Nur während der Paarungszeit im Frühling kommen zwei Igel zusammen. In Hecken geht's nicht nur auf Futtersuche, hier bauen sich die Stacheltiere eine Schlafmulde und ziehen die kleinen Igelkinder groß.

SEGELFALTER

Die Blätter von Gehölzen sind die Leibspeise einiger Schmetterlingsraupen, die nahezu mit dem Blattwerk verschmelzen. Die grünen gedrungenen Segelfalterraupen können Sie von Mai bis Juli auf den Blättern von Weißdorn, Schlehe und Felsen-Kirsche entdecken. Die orangebraunen Raupen des C-Falters mit dem weiß-braunen Rücken kriechen über Hasel, Johannis- und Stachelbeere, Sal-Weide und Ulme. Sie lassen sich auch von Brennnesseln nicht schrecken. Einige Arten sind sehr spezialisiert wie der gelbe Zitronenfalter. Seine grünen Raupen sind nur auf den Blättern des Faulbaums zu finden.

GARTEN-KREUZSPINNE

Ihr symmetrisches Radnetz baut die etwa 2 cm große Spinne vor allem nachts ins Geäst. Tagsüber lauert sie dann in der Nähe des Netzes in einem Versteck und wartet, dass sich ein unvorsichtiges Insekt in den klebrigen Fäden verfängt. Das wird dann flugs eingesponnen und ausgesaugt oder erst einmal zwischengelagert. Im August paaren sich die Spinnen, meist immer zum Nachteil des kleineren Männchens, das nach dem Akt verspeist wird. Im Herbst legen die Weibchen ihre Eier in feinen, seidigen Kokons ab.

WASSER IM NATURGARTEN

In dem kleinen Universum Naturteich leben einzigartige Pflanzen und Tiere. Sie sind so gut an das nasse Element gewöhnt, dass einige komplett untergetaucht leben, andere dagegen öfter zwischen Wasser und Land hin- und herwechseln.

Tümpel, Weiher und andere stehende Kleingewässer entstehen von ganz allein in natürlichen Senken, in denen der hohe Grundwasserspiegel Wasser hochdrückt. Die Ufer fallen selten steil ab. Der Teich hat mehrere ineinander übergehende Zonen, deren Tiefe sich vom Ufer zur Teichmitte hin steigert. So finden die verschiedensten Pflanzen und Tiere einen ihnen zusagenden Lebensraum. Künstlich angelegte Teiche sind keine Naturteiche im eigentlichen Sinne. Das macht sie aber nicht weniger wertvoll für Teichtiere. Denn durch Pflanzen und Tiere entsteht ein biologisches Gleichgewicht, sodass Naturteiche im Garten wie ihre Pendants in der freien Natur in der Regel ohne künstliche Hilfsmittel wie Pumpen und Filter auskommen. Je größer und tiefer Sie Ihren Teich bauen, desto stabiler ist dieses Gleichgewicht und selbst die von Teichbesitzern gefürchteten Algen werden nicht zum Problem. Und die Pflege wird sich auf ein Minimum beschränken.

Der Teich lebt

Sobald der Teich bepflanzt ist, wird er auch für Tiere attraktiv. Die ersten Besucher wie Libellen, Wasserläufer, Käfer und andere Insekten kommen angeflogen. Wenn ihnen der Teich und die angrenzenden Pflanzen zusagen, werden sie sich hier ansiedeln. Die Insekten legen ihre Eier an oder in den Teichpflanzen ab. Zwischen Blatt- und Wurzelwerk sammeln sich mit der Zeit Schwebstoffe und totes Material, in dem Wasserasseln und Köcherfliegenlarven leben. Selbst die ungeliebten Mücken und Algen gehören zum Teichleben dazu, denn sie sind wichtiges Futter für manch Teichtier. Sie können Ihren Teich auch mit einem Eimer Wasser aus einem anderen Gartenteich impfen. Und so die Besiedlung mit Mikroorganismen wie Pantoffeltierchen, Grün- und Kieselalgen, Wasserflöhen und Schnecken beschleunigen. Doch ist es verboten, Wasser oder Laich, Kaulquappen oder erwachsene Frösche, Kröten und Molche aus natürlichen Teichen zu entnehmen und in den eigenen Teich zu geben.

Auf die Seerosen mit ihren schönen Blüten kann wohl kaum jemand verzichten. Setzen Sie diese starkwüchsigen Pflanzen jedoch nur in große Teiche.

Haben Sie Geduld, es kann einige Zeit dauern, bis auch die Amphibien Ihren Teich entdecken. Sie sind anspruchsvoll und kommen erst, wenn auch Übergänge zu anderen Lebensräumen wie Wiesen, Hecken und Totholzhaufen vorhanden sind. Übrigens dürfen sich Nachbarn über lautstarke Froschkonzerte im Teich nicht beschweren, wenn die Tiere von allein zugewandert sind.

Den Teich einbinden

Legen Sie Ihren Teich nicht losgelöst vom restlichen Garten an. Auch in der Natur ist er immer mit anderen Lebensräumen verbunden und liegt nicht unvermittelt in einer geschorenen Rasenfläche. Verbinden Sie die Lebensräume und bauen Sie Brücken, damit sich wandernde Frösche, Kröten und Molche wohlfühlen. Erweitern Sie zum Beispiel die Uferbepflanzung auf einer Seite zu einem Sumpf oder einer Feuchtwiese mit Knabenkraut, Schachbrettblume, Baldrian und Mädesüß, wenn der Boden stark lehm- oder tonhaltig ist. Oder Sie heben eine Grube aus, kleiden sie mit Teichfolie aus und legen ein Sumpfbeet an. Ist der Boden in

Teichnähe eher trocken und mager, können Sie hier einen Steingarten einplanen. Wählen Sie für das Geröllufer Steine unterschiedlicher Größen vom Kiesel bis zum Findling. In die Kiesfläche können Sie anspruchslose, trockenheitsverträgliche Pflanzen setzen wie sie auch für **Kiesbeete** und **Trockensteinmauern** geeignet sind Seiten 35 und 44. Ebenso gut passen Hecken oder auch Strauchgruppen, die Sie jedoch so weit entfernt vom Teich pflanzen sollten, dass sie keinen Schatten werfen und ihr **Laub** nicht in den Teich fällt Seite 50.

Teichzonen für mehr Natürlichkeit

Ein idealer Teich hat sowohl Tiefwasser-, Flachwasser- als auch Sumpfzonen. Damit die Übergänge sanft und nicht ruckartig verlaufen, ist das Verhältnis der Zonen zueinander wichtig. Die Tiefwasserzone im Zentrum des Teichs sollte rund ein Viertel der Teichfläche einnehmen. Die Flachwasserzone drum herum wird mit 35 % und die Sumpfzone am Ufer mit 40 % eingeplant. Ein Wasserüberlauf mit anschließender Sickerzone verhindert, dass der Teich bei sehr starken Niederschlägen unkontrolliert überläuft.

Bei Folienteichen kann es passieren, dass ins Wasser ragende Uferpflanzen oder die trockene Erde im Uferbereich den Teich regelrecht aussaugen und der Wasserstand stetig sinkt. Das kann eine Kapillarsperre verhindern. Biegen Sie dafür den Folienrand 2 cm über Gartenniveau senkrecht nach oben. Fixieren Sie die hochstehende Folie von außen mit Erde und Steinen und von innen mit Steinen. Den Folienrest können Sie umbiegen und unter der **Ufergestaltung** verstecken Seite 65.

Teich im Miniaturformat

Terrassengärtner und Kleinstgartenbesitzer können sich einen Mini-Teich bauen. Der Kübel sollte mindestens 30 cm hoch sein. Versenkte Ziegelsteine sorgen für unterschiedliche Pflanzzonen. Ein Manko haben die kleinen Teiche jedoch: Die geringe Wassermenge verdunstet recht schnell. Füllen Sie darum öfter Wasser nach. Ideal sind Sumpf-und Uferpflanzen, die kurzzeitige Trockenheit vertragen. Eine Pumpe ist nicht zwingend nötig, erhöht jedoch den Sauerstoffgehalt im Teich und verlängert die Lebensdauer des Mini-Lebensraums.

Pflanzen für den Teich

Nach ihrer Lebensweise unterteilt man die Teichpflanzen in Unterwasserpflanzen, Schwimmpflanzen und Sumpf- und Uferpflanzen. Versuchen Sie, Arten aus allen drei Gruppen im Teich anzusiedeln. Im Service ab Seite 153 finden Sie eine **Übersicht** mit heimischen Teichpflanzen.

UNTER WASSER

Unterwasserpflanzen verbringen ihr Leben fast ausschließlich unter Wasser. Einige sind mit ihren Wurzeln im Boden oder Pflanzkorb fest verankert, wie die Laichkräuter. Andere schwimmen losgelöst frei herum, wie Krebsschere und Tausendblatt. Unterwasserpflanzen verbrauchen einen Großteil der im Wasser befindlichen Nährstoffe und klären nebenher den Teich von Schwebstoffen. Zudem produzieren sie sehr viel Sauerstoff, was den Teichtieren zugutekommt.

SCHWIMMER

Schwimmblattpflanzen wie Teichrose und Seerose wurzeln im Teichboden und schicken ihre Blätter und Blüten an langen Stängeln an die Wasseroberfläche. Starkwüchsige Seero-

Teichbepflanzung

Spülen Sie die Wurzeln gekaufter Pflanzen ab und setzen Sie sie in Pflanzkörbe mit nährstoffarmem Substrat.

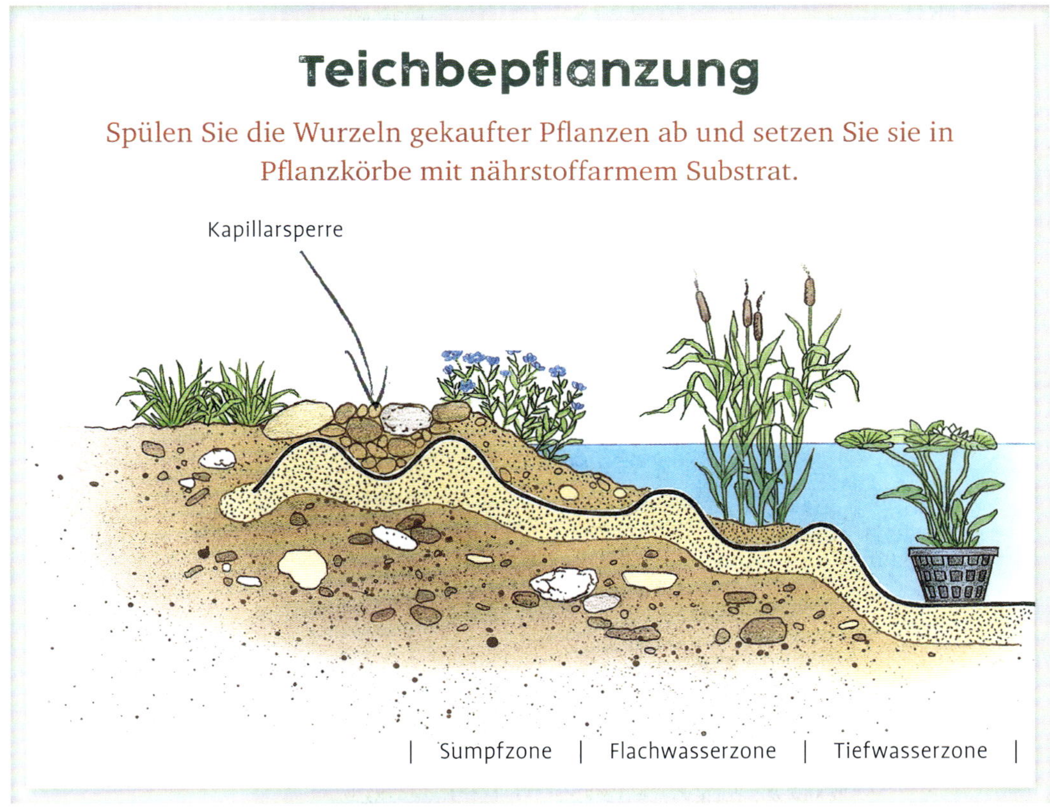

sen wuchern schnell den Teich zu und verdrängen andere Pflanzen. Setzen Sie sie daher nur in großen Teichen ein. Schwimmpflanzen wie Froschbiss und Wasserlinsen treiben mit herabhängenden, nicht verankerten Wurzeln im Wasser, während ihre Blätter auf der Wasseroberfläche liegen.

MIT FEUCHTEN FÜSSEN

Blut-Weiderich, Schilf, Rohrkolben, Kuckucks-Lichtnelke und andere Sumpfpflanzen besiedeln den dauerfeuchten, überfluteten Teichrand. Sie wurzeln meist im schlammigen Uferbereich und breiten ihre Blätter bis in die flachen Freiwasserbereiche aus. Sie sind so anpassungsfähig, dass sie es auch vertragen, wenn ihr Lebensraum kurzzeitig austrocknet. Schilf und Rohrkolben sind Starkzehrer und filtern Nährstoffe aus dem Wasser. Da sie einen Teich aber auch schnell zuwuchern können, sind für kleinere Teiche schwachwüchsige Arten wie z. B. der Zwerg-Rohrkolben besser geeignet.

Kräuter am Teich

Einige schon in Vergessenheit geratene Heilpflanzen stehen heute einfach nur zur Zierde am Teich: Sumpf-Blutauge, Weiße Seerose und Verschiedenfarbige Schwertlilie, Fieberklee, Wasserdost und Ufer-Wolfstrapp. Zu den heute noch verwendeten Würzkräutern zählen die blutreinigende Brunnenkresse und die magenberuhigende Wasser-Minze. Mädesüß enthält in Blüten und Wurzeln die schmerzlindernde und fiebersenkende Acetylsalicylsäure, der Wirkstoff des Aspirins. Umschläge aus den Blättern und Wurzeln des Beinwells fördern die Wundheilung. Die Bachbunge hat blutreinigende Wirkung und ein Tee aus blühendem Gewöhnlichem Frauenmantel soll in den Wechseljahren helfen.
Auch Gemüse könnten Sie im Teich ernten, zugegeben, recht außergewöhnliches wie etwa die winzigen, manchmal in Massen auftretenden Wasserlinsen. Oder die an Esskastanien erinnernden Früchte der Wassernuss, einer heimischen Schwimmpflanze mit rautenförmigen Blättern.

So groß wie möglich

Für ein gut funktionierendes biologisches Gleichgewicht sollte der Teich wenigstens 1,5 m im Durchmesser und 50 cm tief sein. Er ähnelt dann winzigen Tümpeln, in denen der Wasserstand öfter schwankt. Amphibien brauchen eine Tiefwasserzone von 100–120 cm, damit sie den Winter am Teichgrund frostfrei verbringen können. Ein solch tiefer Teich sollte jedoch mindestens 5 m im Durchmesser haben, damit die Übergänge zwischen den einzelnen Teichzonen langsam und nicht abrupt verlaufen und ein harmonisches Bild entsteht.

FISCHE IM TEICH – JA ODER NEIN?

Möchten Sie Fische halten, sollte der Teich mindestens eine Fläche von 25 m² und eine Tiefe von mindestens 100 cm haben. Friedlich lebende, heimische Kleinfische wie Bitterlinge und Elritzen werden in Schwärmen von acht bis zehn Tieren eingesetzt. Sie ernähren sich vornehmlich von Plankton und Insekten, verschmähen aber auch Laich und Kaulquappen nicht. Verzichten Sie auf räuberische Fische wie Stichlinge, denn auf deren Speiseplan stehen hauptsächlich Amphibien und andere Fische.

Die Fische produzieren eine Menge Ausscheidungen, die als ungenutzte Nährstoffe auf den Teichboden sinken. Das Überangebot kann von den Teichpflanzen meist nicht kompensiert werden und es kommt zu einer Algenflut.

Eine Uferbepflanzung bindet den Teich in den Garten ein.

Einen Teich bauen

Der beste Platz für einen Teich liegt vor der Mittagssonne geschützt, jedoch nicht im Vollschatten. Legen Sie die gewünschte Form und Größe mit einem langen Seil aus. Der bepflanzte Teich wird durch die Uferbepflanzung später optisch kleiner wirken, als die Markierung vorgaukelt. Mit dem Teichaushub können Sie sanfte Hügel modellieren oder – wenn Sie ihn abmagern – Trockensteinmauern befüllen.

FOLIENTEICHE FÜR KREATIVE

Mit Teichfolien lassen sich Teiche am einfachsten bauen, denn Sie können die Form und die Größe Ihres Teichs selbst bestimmen. Die häufig verwendeten PVC-Folien sind leicht zu verarbeiten und preiswert. Sie sind jedoch umstritten, denn sie enthalten meist Weichmacher und Schwermetalle wie Cadmium und Blei, die ins Teichwasser gelangen können. Fragen Sie beim Hersteller nach PVC-Folien ohne diese Stoffe. PE-Folien und EPDM-Folien aus synthetischem Kautschuk sind umweltfreundlicher, da sie ohne Weichmacher hergestellt werden. Sie sind jedoch viel steifer und die Folie kann kaum faltenfrei verlegt werden.

FERTIGE TEICHBECKEN SIND PRAKTISCH

Die aus Polyethylen oder glasfaserverstärkten Polyesterharzen hergestellten Schalen sind sehr stabil und lassen sich leicht einbauen. Die Fertigbecken sind jedoch mit ihren 60–80 cm Tiefe recht flach und können in strengen Wintern zufrieren. Zudem sind die vorgeformten Teichzonen meist zu knapp bemessen. Solch ein kleiner Teich passt gut in sehr kleine Gärten, ist jedoch pflegeintensiv.

TONTEICHE SIND SEHR AUFWENDIG

Ton ist das ideale, umweltschonende Material für Naturteiche. Schon früher wurden Teiche damit gebaut. Naturtonziegel werden aneinandergereiht und dann mit einem Stampfer verdichtet. Der Bau ist jedoch mit hohen Kosten und einer Menge Arbeit verbunden. Zudem brauchen Sie dabei fachliche Unterstützung, damit der Teich auch wirklich dicht wird.

Ein wenig Pflege

Naturteiche sind relativ pflegeleicht. Nehmen Sie bei den Putzaktionen im zeitigen Frühjahr Rücksicht auf die zurückkehrenden Frösche und Erdkröten. Machen Sie bei den Pflegearbeiten ab und an eine Pause, damit die Frösche auch mal nach oben kommen und Luft holen können. Die beste Zeit zum Großreinemachen ist im Oktober und November. Dann sind die Schwimmpflanzen schon zum Überwintern auf den Boden gesunken und die Frösche haben sich in tiefere Zonen zurückgezogen. Schneiden Sie abgestorbene Pflanzenteile zurück, aber lassen Sie einige der hohlen, markhaltigen Halme von Schilf, Rohrkolben, Binsen oder Teich-Schachtelhalm stehen. Denn sie ermöglichen einen Luftaustausch bei geschlossener Eisdecke.

ALGEN VERMEIDEN

Vor allem in neu angelegten Teichen und im Frühjahr machen sich Schwebealgen breit, wenn noch zu viele Nährstoffe im Teichwasser (zum Beispiel vom Herbstlaub) gelöst sind. Im Sommer werden Fadenalgen zur Plage, die

Ein Heim fürs Dotterblümchen

Wenn Sie keinen Platz für einen Teich haben, legen Sie doch ein Sumpfbeet mit Sumpf-Dotterblume, Sumpf-Vergissmeinnicht, Blut-Weiderich und Sumpf-Schwertlilien an. Dafür wird eine Grube etwa 30 cm tief ausgehoben und mit Teichfolie ausgekleidet. Der Erdaushub wird zurückgefüllt und die Grube langsam mit Wasser gefüllt, bis es etwa 2 cm hoch steht. Legen Sie Mulden und kleine Hügel an, um eher trockene und eher nasse Zonen entstehen zu lassen. Vergessen Sie nicht, an einer Stelle einen Abfluss für überschüssiges Wasser anzulegen.

Stechmücken

In einem intakten Teich kommt es selten zu einer Stechmückenplage, denn Wasserläufer, Rückenschwimmer und auch Libellenlarven verputzen den zappelnden Mückennachwuchs, während Frösche und Kröten die sirrenden Weibchen abfangen. In Regenfässern, Pfützen und anderen unbewohnten Wasserflächen können sich die Mücken dagegen rasch vermehren. Es reicht, die Regenfässer zu verschließen.

mit seidendünnen, meist verfilzten Fäden durchs Wasser ziehen. Fischen Sie die Algen mit einem Holzrechen aus dem Wasser und lagern Sie sie zunächst neben dem Teich. So können kleine Teichtierchen wie Asseln, Wasserflöhe und Libellenlarven wieder ins Wasser zurückzukehren. Das restliche Material kann auf den Kompost.

Beugen Sie einer überbordenden Algenvermehrung vor, indem Sie Falllaub im Herbst mit einem Laubfangnetz auffangen, die Pflanzen in nährstoffarmes Substrat setzen und im Frühjahr abgestorbene Pflanzen und Pflanzenteile entfernen.

BODENSCHLAMM DARF BLEIBEN

In Zierteichen gehört das alljährliche Teichschlammsaugen zum festen Programm. Im Naturteich sollte das nur sehr selten passieren. Denn das ist ein sehr schwerer Eingriff ins Teichleben. Besser ist es, die Schlammschicht von vornherein gering zu halten, indem nicht zu viel organische Substanz in Form von Laub, abgestorbenen Pflanzenteilen und Algen auf den Boden gelangt. In kleineren Teichen kann die Schlammschicht nach ein paar Jahren jedoch soweit angewachsen sein, dass der Teich immer flacher wird. Dann kommt man ums Teichschlammsaugen nicht herum, wenn der Teich nicht zum Sumpf werden soll.

Badevergnügen

Glitzerndes Teichwasser verlockt dazu, nur mal kurz reinzuspringen, ab und an unterzutauchen oder sogar regelmäßig jeden Morgen seine Runden zu drehen. Doch sind Naturteiche empfindliche Ökosysteme, die bei der Planscherei schnell aus dem Gleichgewicht geraten können. Ein Teich, in dem auch Menschen baden, braucht eine ausgedehnte Regenerationszone mit Wasserpflanzen, die Schwebeteilchen und Nährstoffe aus dem Wasser filtern und es so klären. Diese üppig bepflanzte Uferzone bindet den Teich darüber hinaus auch harmonisch in den Garten ein. Schwimm- und Regenerationsbereich sind mit einer senkrechten Wand voneinander getrennt, die etwa 40 cm unterhalb der Wasseroberfläche liegt. Sie kann aus Kunststoff-, Stein- oder Betonelementen bestehen.

Solch ein klassischer Schwimmteich sollte mindestens 60 m² groß sein, damit er mit wenig oder sogar ohne Technik und geringem Pflegeaufwand funktioniert. Dabei beansprucht die Regenerationszone mindestens 60 % davon für sich. Dann bleiben noch rund 24 m² zum Baden. Wer richtig schwimmen möchte, braucht einen langgezogenen Schwimmbereich mit mindestens 35 m² Fläche.

Sommer, Sonne, kühles Wasser. Bei heißen Temperaturen wünscht man sich nichts sehnlicher, als sich im Badeteich abzukühlen. Sportliche Schwimmer können sich täglich auspowern. Damit der Teich bei all der Baderei nicht aus dem Gleichgewicht gerät, sollte er groß genug gebaut werden und eine Regenerationszone mit wasserklärenden Pflanzen haben.

POOLS FÜR DEN KLEINEN GARTEN

In Zeiten kleiner Gärten sind solch ausgedehnte Schwimmteiche jedoch kaum noch realisierbar. Eine Alternative sind Natur- und Bio-Pools, die mit speziellen Bio-Filtern ausgerüstet sind und auch deutlich kleiner ausfallen können. Bio-Pools sehen klassischen Swimmingpools recht ähnlich und kommen ohne Wasserpflanzen aus. Die Becken können sogar kleiner als 50 m² groß gebaut werden. Zusätzliche Phosphatfilter binden den Algen-Hauptnährstoff Phosphor, sodass für algenfreies Badevergnügen kein Chlor eingesetzt werden muss. Übrigens können auch bestehende Swimmingpools ohne viel Aufwand in Bio-Pools umgerüstet werden. Binden Sie auch diese eher künstlich wirkenden Wasserbecken mit einer Randbepflanzung in den Garten ein.

WASSERKLÄRUNG MIT PFLANZEN

In klassischen Schwimmteichen mit Regenerationszone übernehmen die sogenannten Repositionspflanzen die komplette Reinigung des Wassers. Sie sind besonders starkzehrend und nehmen die im Wasser gelösten Nährstoffe auf und verhindern so unbändiges Algenwachstum. Zu den pflanzlichen Teichreinigern gehören sowohl Sumpfpflanzen wie Rohrkolben, Schilf und Seggen, Schwertlilien, Blut-Weiderich und Sumpf-Vergissmeinnicht als auch Schwimm- und Unterwasserpflanzen wie Laichkräuter, Krebsschere und Tausendblatt. Je größer diese Pflanzenfilter-Fläche ist, desto besser ist auch die Wasserqualität. Dennoch lässt sich nicht vermeiden, dass sich mit der Zeit Schlamm am Teichboden absetzt und das Wasser zeitweise getrübt ist.

In Natur-Pools teilen sich Regenerationszone und Technik die Arbeit. Darum kann die Pflanzenfilter-Zone kleiner ausfallen und der Teich nimmt insgesamt weniger Platz in Anspruch. Der Wasseraustausch zwischen den beiden Zonen kann mit einer Umwälzpumpe unterstützt werden.

Invasive Arten im Schwimmteich

Häufig werden in der Regenerationszone auch nicht-heimische Arten gepflanzt, weil sie sich einfacher ansiedeln lassen. Doch sind sie auch sehr ausbreitungsfreudig und können andere Arten bedrängen. Zu diesen Neophyten gehören unter anderem Nadelkraut, Wasserpest-Arten (*Egeria* und *Elodea*), Hahnenfußähnlicher Wassernabel, Verschiedenblättriges Tausendblatt und Veränderliches Pfeilkraut. Gleichwertige heimische Alternativen sind Wechselblättriges Tausendblatt, Glänzendes und Alpen-Laichkraut.

EIN MINDESTMASS AN PFLEGE

Wie beim Gartenteich gilt: Je größer und tiefer das Gewässer, desto länger dauert es während sommerlicher Hitzeperioden, bis sich das Wasser erwärmt und es zu unerwünschter Algenbildung kommt. Fischen Sie Algen, Blüten und Laub regelmäßig ab und entfernen sie abgestorbene Pflanzenteile, um eine Zufuhr an zusätzlichen Nährstoffen zu vermeiden. Oder lassen Sie sich von Skimmern helfen, die die Wasseroberfläche sauber halten. Das hat jedoch einen Haken: Auch kleine Insekten, die sich in den Schwimmteich verirren, werden vom Skimmer angesaugt und in die Filteranlage geleitet. Lassen Sie den Skimmer darum nicht dauerhaft laufen, sondern stellen Sie ihn nur für kurze Zeit an.

ERFRISCHUNG AUF KLEINSTEM RAUM

Es muss nicht immer ein Schwimmteich sein. Auch unter Gartenduschen können Sie sich im Sommer schnell erfrischen. Mobile Duschen steckt man mit einem Erdspieß in den Rasen oder in einen Sonnenschirmständer. Einfach den Gartenschlauch anschließen und schon können Sie im Sommer eiskalt duschen. Legen Sie einen Holzrost unter die Dusche, um einerseits den Rasen zu schonen und nicht andererseits schon bald im Schlammbad zu stehen. Für dauerhaft installierte Duschen wird eine Art Duschtasse gepflastert und eine Freiluft-Duschkabine für mehr Privatsphäre gebaut. Solarduschen erhitzen das kalte Schlauchwasser auf Wohlfühltemperatur.

Wegen seiner Ausläufer ist der Breitblättrige Rohrkolben für normale Gartenteiche weniger geeignet, doch findet er seine Bestimmung als pflanzliche Kläranlage in Schwimmteichen. Hier nimmt er die überschüssigen Nährstoffe aus dem Wasser auf. In kleinen Teichen macht das der Zwerg-Rohrkolben.

Teichfrosch, Libelle & Co.

Der Teich lebt, im wahrsten Sinne. Denn am, auf und im Teich sind so viele verschiedene Tiere unterwegs, dass hier nur eine kleine Auswahl gezeigt werden kann. Sie gehören zu den weniger scheuen Bewohnern, die Sie recht gut beobachten können.

TEICHFROSCH

Ab Ende April sitzen die Froschmännchen am Uferrand pflanzenreicher Teiche und quaken laut. Damit wollen sie die Weibchen für sich gewinnen. Die legen nach der Paarung ihre Laichpäckchen am Gewässergrund ab. Teichfrösche, die als eine Kreuzung von Seefrosch und Kleinem Wasserfrosch angesehen werden, entfernen sich nie weit vom Wasser und ernähren sich von Schnecken, Würmern und Insekten. Sie überwintern an Land oder an tiefen Stellen im Teich. Ebenso flott besiedelt der braun gefärbte Grasfrosch einen Gartenteich.

TEICHMOLCH

Mit orange gefärbtem Bauch und gekerbtem Rückenkamm geht das etwa 11 cm große Molchmännchen im April und Mai auf Brautschau. Die Weibchen sind olivgrün. Teichmolche sind recht anspruchslos, finden sich auch in kleinen Gartenteichen ein und bleiben dauerhaft, wenn Sie ihnen auch ein frostsicheres Winterquartier bieten können. Im Sommer zieht es einige von ihnen an Land, wo sie tagsüber Schutz unter feuchten Steinen, Laub und Moos finden. An Land ernähren sie sich von Insekten und Würmern, im Wasser von Froschlaich und Kaulquappen.

LIBELLE

Ab Juni sausen kleine und große Libellen über die Wasserfläche und fangen Mücken, Fliegen und andere Insekten. Manchmal reichen ihre Jagdgründe auch noch viel weiter. Während der Paarung bilden Männchen und Weibchen ein herzförmiges Libellenrad (auf Seite 138). Die räuberischen Larven leben unter Wasser von Mückenlarven, kleinen Kaulquappen und anderen Wassertierchen. An neuen Gartenteichen mit noch wenig Bepflanzung finden sich Blaugrüne Mosaikjungfer, Vierfleck und Plattbauch ein. Die Blutrote Heidelibelle sieht man auch an Kleinstgewässern.

WASSERLÄUFER

Die Wanzen flitzen so geschmeidig über die Wasseroberfläche, als hätten sie festen Boden unter den Füßen. Das ist möglich, weil sie das Gleichgewicht ihres leichten Körpers auf den sehr langen, sehr dünnen Beinchen auf einer großen Fläche verteilen können. Und unter ihren Füßchen befindet sich ein wasserabweisender Haarfilz, in dem sich Luftbläschen fangen. Die Wasserläufer treten in Gruppen auf und fischen ertrunkene Fluginsekten aus dem Wasser. Den Winter verbringen sie an Land unter Laubhaufen oder Moos.

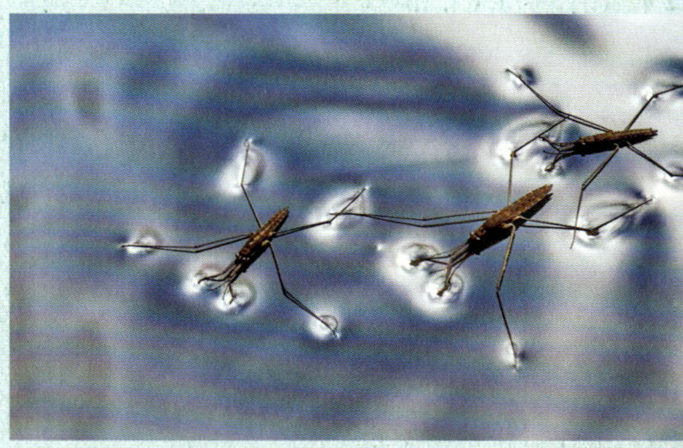

KÖCHERFLIEGE

Unter Wasser wandelnde Häufchen aus Sandkörnern, Blatt- oder Rindenstücken, Muschel- oder Schneckenschalen sind die Larven der zart geflügelten Köcherfliegen. Der schützende, mitwachsende Köcher wird auf einem seidenen Gespinst gebaut, dem je nach Art spezielle Baumaterialien zugefügt werden. Die Larven ernähren sich von Algen und anderen Wasserpflanzen. Die immer seltener werdenden Köcherfliegen sind auf eine bestimmte Wasserqualität angewiesen. Die erwachsenen Köcherfliegen sind meist dämmerungs- und nachtaktiv.

AM HAUS

Wenn Kletterpflanzen an den Wänden emporwachsen, anspruchslose Stauden sich auf dem Dach ansiedeln oder Sie gezielt Nistkästen aufhängen, avancieren die unscheinbaren Hausfassaden, Mauern und Dächer zum Lebensraum für Tiere.

Grüne Kleider und Hüte stehen nicht nur Haus und Garten gut, sie schützen auch die Bausubstanz und dämmen den Wohnraum. Lassen Sie Fassaden und Dächer nicht außen vor, wenn Sie Ihren Garten naturnah gestalten. Vor allem in kleinen Gärten geht der Gärtner gern auch in die Höhe und begrünt aktiv Hauswände und Mauern, um jeden Raum zu nutzen. Egal, ob Wilder Wein oder Efeu ungezähmt wuchern oder das Geißblatt brav am Gerüst wächst, ins Fassadengrün ziehen geschwätzige Spatzen und andere Singvögel ein und auch so manches Insekt labt sich an den nektarreichen Blüten. Spatzen, Hausrotschwänze und auch Fledermäuse sind typische Gebäudebrüter, die Sie mit Nistkästen oder Öffnungen unterhalb der Dachtraufe beglücken können – wenn sie nicht schon längst eingezogen sind. Nahezu jedes Dach kann extensiv begrünt werden, sehr zur Freude von Bienen und Hummeln. Die genügsamen Dachpflanzen brauchen so gut wie gar keine Pflege.

Gebäudebrüter

Verschiedene Vogel- und Fledermausarten wie Hausrotschwanz, Rauchschwalbe, Zwergfledermaus, Abendsegler finden an und in Gebäuden Unterschlupf, manchmal unbemerkt vom Besitzer. Im ländlichen Raum besiedeln sie Baumhöhlen und Felsspalten. In der Nähe des Menschen werden sie zu Gebäudebrütern, die in Spalten und Hohlräumen nisten. Zum Beispiel die geselligen Haussperlinge: Sie bauen ihre Nester hinter Regenrinnen, unter Flachdächern, in Jalousiekästen und hinter Fassadenverkleidungen. Selbst größere Vögel wie Turmfalken, Wanderfalken und Weißstorch nehmen menschliche Behausungen an. Fledermäuse suchen sich ihre Sommerquartiere auf Dachböden oder in Spalten unterm Dach. Hier ziehen zum Beispiel Großes Mausohr und Graues Langohr ihre Jungen auf. Ihren Winterschlaf halten Fledermäuse dagegen meist in kühlen, feuchten Kellern und Gewölben. Bei Sanierungsmaßnahmen am Haus werden solch kuschelige Höhlen meist unbedacht verschlossen. Denken Sie an Ihre tierischen Untermieter und bringen Sie Spatzenheime, Schwalbenschalen, Fledermauskästen und andere **Nistmöglichkeiten** am Haus an Seite 108. Manche Nistkästen können sogar so in die Fassade eingebaut werden, dass sie von außen gar nicht mehr sichtbar sind. Höhlen anzubieten ist jedoch erst der Anfang. Manche Arten sind wählerisch und ziehen erst ins dargebotene Quartier, wenn auch die Umgebung ausreichend Futter zu bieten hat.

Der Wilde Wein ist ein Selbstklimmer. Für die Eroberung der Hauswand braucht er keine Unterstützung, doch muss man ihn ab und an im Zaum halten, damit er nicht die Fenster überwuchert. Im Herbst färbt er sich leuchtend rot.

Fassadenbegrünung

Es gibt nur wenige heimische Kletterer, die schön blühen. Schauen Sie deshalb auch mal nach der internationalen Kletter-Elite aus Asien und Nordamerika. Heimisch sind: Efeu, Hopfen, Wald-Geißblatt, Echter Wein, Kletterrosen, Alpen-Waldrebe und Gewöhnliche Waldrebe. Aus dem Mittelmeerraum stammen Italienische Waldrebe und Feuerdorn.

GROSSE WÄNDE

Wählen Sie schwach- oder starkwüchsige Kletterpflanzen nach der Größe der zu begrünenden Fläche. Große Hauswände und Mauern mit viel Fläche können Sie getrost dem Wilden Wein und dem immergrünen Efeu überlassen. Sie erklimmen die Wand selbstständig mithilfe ihrer Haftscheiben und Haftwurzeln. Nur an sehr glatten Oberflächen, wie sie bei Dämmsanierungen angebracht werden, und an wasserabweisenden Putzen können sie sich nicht festhalten. Kletterpflanzen, die beim Klettern auf Stützen und Gerüste angewiesen sind, lassen sich in ihren Ausmaßen durch das Gerüst eingrenzen. Starkwüchsig sind Blauregen, Baumwürger und Schling-Flügelknöterich. Sie schlingen sich mit ihren Trieben spiralig um die Stütze herum – und können sie dabei auch schon mal mit schierer Pflanzenkraft zerdrücken. Befestigen Sie darum die Stützen stabil und sicher an der Wand. Sonst kann das Gerüst samt den mehrere Kilogramm schweren Pflanzen umkippen. Halten Sie Baumwürger und Blauregen auch von Regenfallrohren fern!

Der Echte Wein braucht ein Spalier aus Holz oder Drahtseilen, an dem er entweder selbst emporwächst oder gezielt erzogen wird. Regelmäßiger Schnitt im Frühling und Sommer dämmt sein Wachstum etwas ein und sorgt für schmackhafte Früchte.

KLEINE FLÄCHEN

Schwächer wachsende Arten begrünen kleinere Bereiche, etwa an der Garage, am Schuppen oder an einer Mauer: zum Beispiel der manchmal schon im Januar blühende Winter-Jasmin, verschiedene *Clematis*-Arten und Geißblätter, Strahlengriffel bzw. Mini-Kiwi (*Actinidia arguta*, *A. kolomikta*) und Kletternder Spindelstrauch mit verschiedenen Blattzeichnungen. Rosen können sich mit ihren stacheligen Trieben im Gerüst verhaken und mehrere Meter hoch klettern. In reiner Südlage ist es ihnen jedoch zu heiß und trocken und sie schwächeln. Zum Begrünen eignen sich nicht nur Kletterrosen, sondern auch manche Bodendeckerrose, die lange Triebe bildet. Fragen Sie hier bei einer Rosenbaumschule nach, welche Rosensorten sich eignen.

FRÜCHTE AN DER FASSADE

Obstbaumspaliere verbinden das Schöne mit dem Nützlichen. Denn mit ihnen können Sie die Fassade nicht nur begrünen, sondern auch effektiv für den Obstanbau nutzen. Vor allem wärmebedürftige Obstarten wie Wein, Birnen, Aprikosen und Pfirsiche profitieren von dem geschützten Standort am Gebäude oder einer von der Sonne erwärmten Mauer. Hier gibt es einen ähnlichen Sonnenfalleneffekt wie bei den **Trockensteinmauern** Seite 44. Je nach Breite der zu begrünenden Fläche benötigen Sie mehrere Bäumchen, die Sie im Lauf der Zeit als Spalier an der Wand emporziehen. Ein Lattengerüst oder ein Drahtspalier aus senkrechten und waagerechten Streben in einem Abstand von 30 – 40 cm gibt den Rahmen vor. Für Wände mit Fenstern und Türen eignen sich vor allem Apfel-, Birnen- und Weinspaliere, denn diese können in streng geometrischen Formen senkrecht und waagerecht als U-Spaliere und Verrierpalmetten gezogen werden. Aprikosen-, Pfirsich-, Kirsch- und Pflaumenspaliere sind besser für kleinere Flächen ohne Fenster, zum Beispiel an der Garagen- oder Schuppenwand, geeignet. Sie werden weniger streng als Fächerspalier mit fünf bis sechs Haupttrieben erzogen.

FÜR JEDEN DAS RICHTIGE GERÜST

Spaliergerüste aus Metall oder aus druckimprägniertem Holz mit wetterfestem Anstrich verschwinden im Sommer fast vollständig hinter dem grünen Vorhang. Doch in der laublosen Winterzeit geben sie der Fassade Struktur. Diese beiden Materialien bringen bereits ein beträchtliches Eigengewicht mit, das zu dem Gewicht der Pflanzen hinzukommt. Systeme aus gespannten Stahldrahtseilen sind um einiges leichter. Lassen Sie zwischen Wand und Gerüst einen Abstand von 10 –15 cm, damit sich die Luft hinter der Pflanzenwand nicht staut. Das beugt Pilzbefall vor, vor allem an Obstgehölzen. Die Halterungen für die Gerüste werden für sicheren Halt an den tragenden Gebäudeteilen befestigt. Je nach Klettereigenschaften der Pflanzen kommen verschiedene Spaliertypen in Betracht. Schlinger wie Blauregen, Schling-Flügelknöterich und Geißblatt brauchen senkrechte Rankhilfen. Ranker wie Echter Wein und **Clematis** bekommen zusätzlich auch waagerechte und diagonale Streben. Die recht steifen Triebe von Kletterrosen, Winter-Jasmin und Feuerdorn finden Halt an horizontal verlaufenden Gerüsten.

Birnensorten wie 'Gute Luise' und 'Alexander Lucas' profitieren vom Platz an der warmen Südwand. Denn hier können ihre aromatischen Früchte gut ausreifen.

Fassadenzerstörer?

Die Haftscheiben vom Wilden Wein und die Haftwurzeln vom Efeu hinterlassen zwar bleibende Spuren, wenn sie entfernt werden. Doch an intakten Fassaden ohne ausgewitterte Fugen und mit gut versiegelten Dächern sind kaum Bauwerkschäden zu befürchten. Auf der sicheren Seite sind Sie mit Gerüstkletterern, da sie nicht mit der Fassade in Kontakt kommen.

Grüne Dächer

Extensiv begrünte Dächer sind kleine Klimaanlagen: Sie sorgen für mehr Luftfeuchte und Abkühlung und binden Staub und Schadstoffe. Auch dem Haus tut so ein grünes Dach gut, denn es puffert starke Temperaturschwankungen ab, was die Lebensdauer des Daches erhöht. Zudem sinken die Abwasserkosten, da so ein begrüntes Dach zu 70 – 80 % als Sickerfläche angerechnet werden kann.

FAST JEDES DACH KANN MAN BEGRÜNEN

Bevor Sie darüber nachdenken, ob ein Gründach auf Carport, Garage, Schuppen oder Haus in Frage kommt, sollten Sie die Tragfähigkeit des Dachs prüfen. Denn pro Quadratmeter kommen mindestens 80 kg zusätzliches Gewicht durch Substrat und Pflanzen hinzu. Von Vorteil ist es, wenn das Dach eine Neigung von 2 – 4 % hat, dann kann Regenwasser gut ablaufen. Mit zusätzlicher Entwässerung kann eine Dachbegrünung auch auf ebenen Flächen installiert werden. Für sehr schräge Dächer mit einer Neigung bis zu 45° gibt es spezielle schubtragende Elemente. Kleine Dachflächen können Sie in Eigenregie begrünen. Detaillierte Aufbauanleitungen für die verschiedenen Schichten gibt es bei den Herstellern von Dachbegrünungssystemen.

VIELSCHICHTIG

Unter dem außen sichtbaren Pflanzsubstrat verbergen sich mehrere Schichten, die sowohl Dach als auch Pflanzen schützen. Zunächst wird das Dach mit Bitumen oder Kunststoff abgedichtet, damit kein Wasser durchsickern kann. Darauf folgt eine Wurzelschutzfolie, die verhindert, dass Pflanzen durch das Dach wurzeln. Eine Wasserspeichermatte speichert überschüssiges Regenwasser. Die Dränschicht aus vorgeformtem Kunststoff oder mineralischen Schüttstoffen nimmt ebenfalls Wasser auf und belüftet die Wurzeln. Obenauf liegt die eigentliche Substratschicht, die zur Dränschicht mit einem Vlies abschließt. So können Bodenteilchen nicht die Dränschicht verstopfen. Auf kleinen Flächen können Drän- und Substratschicht zusammengefasst werden. Für die Dränage mischt man Lava, Bims, Blähton oder Blähschiefer unters Spezialsubstrat.

Grünes Mini-Dach

Winzige Flächen von Vogelfutterhäuschen und Pfeilerkronen können Sie mit wenig Aufwand begrünen. Sichern Sie die Dachkanten mit 5 – 6 cm hohen Holzleisten, damit das Substrat aus Gartenboden, Sand und Splitt (im Verhältnis 5 : 1 : 1) nicht abrutscht. Zur Begrünung eignen sich verschiedene Hauswurz-Arten (*Sempervivum*).

WEGE DURCH DEN NATUR-GARTEN

Naturgärtner sind findige Menschen und versuchen aus jedem Gartenbereich einen Lebensraum herauszukitzeln, ohne dabei dessen Funktionalität zu beeinträchtigen. Eben auch aus den Gartenwegen, wo Nischen für die Spezialisten aus Flora und Fauna entstehen.

Da werden trockenheitsverträgliche Pflanzen am Rand und in den Fugen angesiedelt, an deren Blüten sich Gärtner und verschiedenste Insekten erfreuen. Das Leben zieht – ohne unser Zutun – in Rindenmulchwegen ein, wo Mikroorganismen und Insekten das Material nach und nach zersetzen. Und auch sonst kreucht und fleucht es auf den Wegen: Spinnen und Laufkäfer sind auf der Suche nach Beute. Schwarze Wegameisen legen ihre Nester unter Pflasterwegen und Steinplatten an. Sehr zum Ärger der Gartenbesitzer, denn die Ameisen transportieren den Sand, in dem die Steine gebettet sind, Korn für Korn aus den Fugen, um Platz für ihre Höhlen zu schaffen. Auch wenn sie lästig fallen, sind Ameisen nützlich, denn sie erbeuten am Tag mehrere Hundert Insekten, darunter auch einige, die unseren Pflanzen Schaden zufügen können. Darum sollten sie nicht bekämpft, sondern umgesiedelt werden.

Begrünte Wege

Es dauert nicht lange, bis sich am Wegrand oder in den Fugen zwischen den Pflastersteinen genügend Humus gesammelt hat, um Wurzelraum für anspruchslose Pflanzen zu bieten. Meist siedeln sich die ungeliebten Löwenzähne, aber auch Breit-Wegerich und Einjährige Rispe an. Sie können die Besiedlung auch gezielt steuern, indem Sie Fugen mit Thymian, Rundblättriger Glockenblume oder Habichtskraut bepflanzen und sich dann selbst aussäen lassen. Oder Sie säen spezielle Saatgutmischungen, zum Beispiel für Blumenschotterrasen oder Pflasterritzen. Je breiter die Fugen sind, desto mehr Pflanzen können sich ansiedeln oder gezielt gepflanzt werden.

FUGEN BEPFLANZEN

Nehmen Sie auf breiten, gepflasterten Wegen am Rand ein oder zwei Steine heraus und setzen Sie genügsame Stauden in die Lücken. Größere Fugen zwischen Wegplatten können Sie ebenfalls so bepflanzen. Das lockert sogar schnurgerade verlaufende Wege etwas auf. Es eignen sich dieselben Arten, die auch in die Fugen einer **Trockensteinmauer** gesetzt werden können Seite 44, darüber hinaus Dalmatischer Storchschnabel, Sonnenröschen, Hirschzungenfarn, Frühlings-Fingerkraut und Braunelle. Füllen Sie ein Sand-Kompost-Gemisch in die Fugen und setzen Sie die kleinen Pflänzchen ein. Bis zum Anwachsen wird

Rasenwege sind eine einfache und dabei doch elegante Art, den Garten zu erschließen. Der stark beanspruchte Rasen braucht dann jedoch auch Aufmerksamkeit und Pflege, damit er dicht und grün bleibt.

noch gewässert. Danach sind die Pflanzen autark. Zu hoch gewachsene Pflanzen können Sie mit einem Rasenmäher stutzen.

WEGRÄNDER EINFASSEN

Leicht über den Wegrand streichende Pflanzen lassen die Grenzen verschwimmen und geben selbst gepflasterten Wegen einen natürlichen Anstrich. Für trockene Standorte eignen sich der langsam wachsende Karpaten-Frauenmantel, aber auch Grasnelke, Pfingst-Nelke, Feder-Nelke und Amethyst-Schwingel. Schnittlauch fasst die Wege in Gemüsegärten ein, wo der Boden humos ist. Für halbschattige Lagen empfehlen sich Wald-Erdbeeren mit zarten Blüten und leckeren Naschfrüchten. Schattige Wege werden von Farnen wie Hirschzungenfarn und Gräsern wie Hainsimse, Seggen und Wald-Schmiele gesäumt.

Setzen Sie eine Starterpflanze an oder auf den Weg. Dann dauert es nicht lange, bis sie mit ihren Samen oder Ausläufern die schmalen Wegfugen für sich erobert, wie hier der zart lila blühende Thymian.

Passende Wegmaterialien

Wege gliedern den Garten, geben ihm Struktur und verbinden einzelne Gartenbereiche miteinander. Sie sind je nach Funktion auf die eine oder andere Art befestigt, jedoch im Naturgarten so, dass der Boden so wenig wie möglich versiegelt wird. Pflaster- und Schotterwege sind recht aufwendig zu bauen. Lassen Sie sich dabei vom Fachmann helfen.

GEPFLASTERTE HAUPTWEGE

Hauptwege und Auffahrten sind aus Sicherheitsgründen meist gepflastert. Sie haben einen Unterbau aus einer etwa 20 cm hohen Schicht aus grobem Schotter, Kies oder Bruchgestein, die das Regenwasser abfließen lässt. Auch Bauschutt kann als Unterbau verwendet werden. Achten Sie hier jedoch auf die Schadstoffklassen für Schotter. Setzen Sie die Pflastersteine mit weiten Fugen von 10–35 mm, sodass Regenwasser im Boden versickern kann. Übrigens können Sie schon mit der Fugenweite bestimmen, ob sich Pflanzen in den Fugen ansiedeln werden. Anstelle von Natursteinpflaster können Sie auch Betonsteine, Natursteinplatten oder Ziegelsteine verwenden, je nachdem, was in Ihren Garten passt und welches Material Ihnen zur Verfügung steht. Druckimprägniertes oder auch besonders witterungsbeständiges Holzpflaster aus Eiche oder Robinie ist eher für sonnige Standorte geeignet, wo das Holz nach einem Regenschauer schnell abtrocknen kann. Bei feuchtem Wetter besteht Rutschgefahr.

SCHOTTERWEGE

Ein Schotterweg bzw. eine wassergebundene Wegedecke ist recht aufwendig zu bauen und wird meist anstelle eines Pflasterweges angelegt. Das Obermaterial kann jedoch bei starkem Regenfall ausgewaschen werden. Auf den Unterbau aus grobem Schotter wird feiner Schotter oder Splitt mit Lehmsand aufgebracht und verdichtet. Wasser bindet das Material und macht es fest, dennoch bleibt es wasserdurchlässig. Auf einen Schotterweg können Sie zum Beispiel am Rand eine Schotterrasenmischung säen. Bei einem Kiesweg wird als oberste Schicht feiner Kies mit einer Korngröße von 2 cm aufgebracht.

Keine Ameisen unter dem Weg

Vor allem die Schwarzen Wegameisen legen ihre Nester unter besonnten Terrassen- und Gehwegplatten an. Auf Dauer machen sie die Konstruktion instabil und die Steine wackeln. Verwenden Sie Basaltsplitt als Bettung für die Steine, der kann nicht so schnell wegtransportiert werden. Spezieller Pflasterfugenmörtel auf Kunstharzbasis hält die Fugen ameisen- und unkrautfrei, wobei sie weiterhin wasserdurchlässig bleiben.

Grüne Auffahrt

Setzen Sie anstelle von Pflaster Rasengittersteine in die Auffahrt und an den Autostellplatz. Darin werden robuste Gräser oder Fugenpflanzen etwa 2–3 cm tiefer in ein spezielles Auffüllsubstrat aus reifem Kompost und Gartenerde versenkt, sodass sie beim Drüberfahren nicht ausgehoben werden. Trockenheitsverträgliche Gräser gibt es als Regelsaatgutmischung Nr. 5 für Parkplatzrasen, der auch Schafgarbe und andere Kräuter beigemischt sind.

RASENWEGE

Legen Sie Rasenflächen als breitere Hauptwege an, auf denen Sie an Staudenrabatten und Blumenwiesen entlangschlendern können. Der weiche Rasen federt den Tritt ab und es lässt sich angenehm laufen. Wählen Sie für die Aussaat eine strapazierfähige Rasenmischung (Regelsaatgutmischungen 2, 3 oder 4). Einzeln verlegte Trittsteine mit einem Abstand von 20–30 cm markieren den Weg und schützen die Gräser vor zu starker Trittbelastung.

MULCHWEGE

Im Gemüsegarten, in schattigen, waldähnlichen Gartenbereichen und auch dort, wo nicht viel Laufverkehr ist, können Sie Wege mit Rindenmulch und Holzhäckseln aus dem eigenen Strauchschnitt anlegen. Das natürliche Material wird im Lauf der Jahre von Mikroorganismen abgebaut, sodass es regelmäßig erneuert werden muss. Die einfache Variante ist, den Rindenmulch direkt auf den zuvor verdichteten Boden auszubringen. Doch wird die Zersetzung durch den direkten Kontakt zur Erde beschleunigt. Eine etwa 15 cm hohe, verdichtete Schicht aus grobem Schotter im ausgehobenen Weg verlangsamt die Zersetzung und das Erneuerungsintervall. Zudem erhöht es die Stabilität des Weges.

WIE BREIT SOLLTE DER WEG SEIN?

Je nachdem ob es sich um einen Haupt- oder Nebenweg handelt, haben sich in der Praxis verschiedene Wegbreiten bewährt. Der Hauptweg vom Gartentor zur Haustür sollte wenigsten zwei Personen nebeneinander bequem Platz bieten, ohne dass sie sich beim Laufen oder Taschentragen anrempeln. Rechnen Sie pro Person mit 60 cm Wegbreite, das macht für den Hauptweg mindestens 120 cm, besser 150 cm Breite. Nebenwege durch den Garten, etwa zum Kompost, zum Schuppen oder zum Kräutergarten sind 40 – 80 cm breit – 80 cm breit, wenn Sie dort mit der Schubkarre entlangfahren müssen. Für seltener genutzte Schleichwege an Staudenrabatten vorbei, zum Teich oder durch den Waldgarten reichen 40 cm und weniger. Möchten Sie Wege an Mauern oder Hecken vorbeiführen, sollten Sie etwa 30 cm Raum zwischen Weg und Mauer oder Hecke einplanen.

← Verlegen Sie auf viel begangenen Rasenwegen, etwa zum Zweitsitzplatz, in den Gemüsegarten oder zum Kompostplatz, Trittsteine. Denn selbst die beste Rasenmischung macht schlapp, wenn ständig auf ihr herumgetrampelt wird: Die Rasennarbe wird lückig und es entstehen unschöne Trampelpfade.

Recycling im Garten: Für Mulchwege können Sie holzigen Baum- und Strauchschnitt häckseln und auf den Wegen verteilen. →

NUTZ-
GÄRTEN

Dem Obst- und Gemüsegarten kommen die anderen Lebensräume zugute. Denn die Tiere, die sich dort häuslich einrichten, streifen bei ihren Jagdausflügen auch hier hindurch und klauben Insekten, Schnecken und anderes Getier auf.

Der Tisch ist im Naturgarten reich gedeckt. Wundert es Sie, dass dann auch Tiere hier leben? In alten, knorrigen Obstbäumen gibt es viele natürliche Höhlen, in denen sich Spechte, Fledermäuse, Siebenschläfer und Haselmäuse häuslich einrichten. In einer Obstbaumwiese findet sich vielleicht sogar ein Steinkauzpärchen ein. Bienen und Hummeln sorgen für die Bestäubung von Obstpflanzen und Fruchtgemüse und damit für reichen Ertrag. Und davon profitieren auch wir Gärtner gern, oder? Die Singvögel vertilgen Räupchen. Igel und Kröten jagen die eine oder andere Schnecke. Das gewünschte ökologische Gleichgewicht stellt sich ein und hält unerwünschte Nutznießer in Schach. Auch ohne die vielen tierischen Helfer ist ein naturnaher Nutzgarten erstaunlich pflegeleicht. Und der Fokus kann ganz entspannt aufs Ernten gerichtet werden. Regelmäßiges Mulchen nimmt schon viel Arbeit ab. Wilde Nutzpflanzen ergänzen das Sortiment gängiger Obst- und Gemüsearten.

Mitesser unerwünscht?

In den letzten Kapiteln habe ich Ihnen Lebensräume vorgestellt, mit denen Sie Tiere in Ihren Garten locken können. Auch Gemüsebeete, Obststräucher und -bäume und ein mehr oder weniger großer Kräutergarten sind in den meisten (Natur-)Gärten zu finden. Und da sehen wir die Tiere auf einmal gar nicht mehr so gern, denn hier sind sie knallharte Konkurrenten um die ersehnte Ernte. Wie zwiegespalten das Verhältnis zwischen Ziergarten und Nutzgarten ist, möchte ich Ihnen am Beispiel des Stars deutlich machen: Im Rasen sehen wir dem possierlichen Star gern zu, wenn er dort auf steifen Beinen staksend nach Engerlingen und Würmern sucht. Vor allem im Frühling, wenn wir uns über jeden der geflügelten Rückkehrer freuen. Doch wehe, er vergreift sich im Sommer an den reifen Kirschen. Dann ist er weniger entzückend, sondern nur noch ein Störenfried.

Doch weder der Star noch die Schnecke oder die Raupe erkennen den Unterschied zwischen den verschiedenen Arten von Futter im Garten, die wir in „essbar“ oder „einfach nur schön“ einteilen. Tiere nutzen die Ressourcen, die wir ihnen anbieten. Und war das nicht der Sinn des Naturgartens, den Tieren eine Hei-

In kleinen Gärten können Sie die Johannis- und Stachelbeeren platzsparend im Gemüsebeet unterbringen. Vor allem Hochstämmchen lassen sich leicht unterpflanzen. Die kleinen Sträucher werfen kaum Schatten. →

← Hochbeete sind eine gute Alternative, wenn der Boden für den Gemüse- und Kräuteranbau nicht geeignet ist. Bauen Sie gleich mehrere Hochbeete und planen Sie wie bei normalen Gemüsebeeten eine Fruchtfolge ein.

mat zu geben? Einige ändern erst im Jahresverlauf ihr Essverhalten. So ernähren sich zum Beispiel die meisten Singvögel im Frühjahr und Sommer proteinreich von Insekten und Würmern, erst im Spätsommer und Herbst stellen sie auf süße, kohlenhydratreiche Kost um. Auch Wespen werden erst spät im Jahr lästig. Zuvor sind sie zuverlässige Schädlingsvertilger, denen wir eigentlich danken sollten. Seien Sie darum tolerant, wenn sich die Vögel an der Felsenbirne vergreifen, von der Sie eigentlich selbst mal probieren wollten. Oder Sie netzen Sträucher und Bäume rechtzeitig ein, um Ihren Anteil an der Ernte zu retten und später den Rest der bunten Vogelschar zu überlassen.

Ein Perspektivwechsel

Sperren Sie wegen ein paar Fehltritten nicht alle Tiere aus dem Nutzgarten aus. Laden Sie sie stattdessen ein! Hängen Sie Nistkästen auf, in denen Singvögel brüten können. Vielleicht sogar einen Starenkasten mitten im Kirschbaum. Denn dann können Sie aus dem dominanten Revierverhalten eines Starenpärchens sogar Nutzen ziehen. Säen Sie einen Blühstreifen mit einjährigen Sommerblumen am Rand des Gemüsegartens. Die Blüten locken nicht nur die Bestäuber für Tomaten, Kürbis und Zucchini an, sondern auch Marienkäfer und andere nützliche Insekten, die sich dann auf die Blattläuse stürzen. Und der Kreis schließt sich, wenn Sie besondere Rückzugsorte in der Nähe von Obst-, Gemüse- und Kräutergarten einrichten: Hecken, große Steine oder kleine Steinhaufen, Totholzhaufen oder eine Trockensteinmauer. Das ist einer der Perspektivwechsel, zu denen Ihr Naturgarten Sie herausfordert. Und dann kann es passieren, dass es Ihnen so geht wie mir: Denn ich habe manchmal das Gefühl, dass ich zu Gast in meinem Garten bin und er eigentlich den Tieren gehört.

Im Gemüsegarten

Der Gemüsegarten, auch im naturnahen Garten, ist einer der am intensivsten genutzten Bereiche. Fast alle Gemüsearten werden Jahr für Jahr neu gesät und brauchen während der Saison ein gewisses Maß an Pflege und Aufmerksamkeit. Dennoch muss es nicht anstrengend werden. Denn ist die Anbauplanung erst einmal geklärt, haben Sie die zeitintensivste Arbeit bereits erledigt. Und werden die Beete regelmäßig gemulcht, sind tägliches Gießen und Hacken nicht mehr notwendig. Noch entspannter, vor allem während der Hauptaussaatzeit im Frühling, wird es mit mehrjährigen Gemüsestauden und sich selbst aussäendem Gemüse. Da bleibt mehr Zeit, in anderen Gartenbereichen zu werkeln, neue Projekte anzugehen oder einfach nur den Garten zu genießen.

Eine Mischkultur aus verschiedenen Gemüsearten und Sommerblumen und eine jährlich rotierende Fruchtfolge halten die Gemüsepflanzen gesund und sorgen für gute Erträge. Hier wächst Neuseeländer Spinat zu Füßen der Tomaten und bedeckt den Boden. Ringelblumen und Borretsch locken Insekten für die Bestäubung an.

DER OPTIMALE STANDORT

Legen Sie Ihren Gemüsegarten an einem sonnigen Platz an, wenn möglich ohne schattenwerfende Bäume in der Nähe. Der Boden sollte humus- und nährstoffreich sein. Optimal ist Lehm, denn er kann Nährstoffe und Wasser gut speichern. Tonige Böden sind schwer, sie wärmen sich im Frühjahr nur langsam auf und die Aussaaten verzögern sich. Sandige, leichte Böden können Wasser kaum speichern. Das kann im Sommer zum Problem werden, wenn die Gemüsepflanzen viel Wasser brauchen. **Ton- und Sandböden** können Sie mit Kompost, Stallmist, Kalk und anderen Hilfsstoffen verbessern Seite 15. Die organische Substanz lockert den Tonboden und reichert den Sandboden so an, dass Wasser länger gespeichert werden kann. Standorte mit extremen Bodeneigenschaften sollten nicht als Gemüsegarten bewirtschaftet werden.

GEMÜSE NACH PLAN

Eine Anbauplanung hilft Ihnen dabei, die Gemüsearten zeitlich und räumlich so auf den Beeten zu verteilen, dass Sie immer etwas ernten können. Beziehen Sie dabei auch die Gemüsefamilien und den Nährstoffbedarf mit ein. So wird der Boden nicht einseitig ausgelaugt oder es sammeln sich keine wachstumshemmenden Stoffe und Schaderreger an. Die Fruchtfolgeplanung ist ein Rotationssystem, bei dem die Gemüse jedes Jahr ein Beet weiter wandern. Halten Sie die Belegung der Gemüsebeete in einem Gartentagebuch fest. So wissen Sie schon zu Beginn der Saison genau, wo welches Gemüse gesät oder gepflanzt wird. Neue Gemüse können Sie leicht eingliedern.

DIE MISCHUNG MACHT'S

Mischkulturen gibt es seit Jahrhunderten. Die Kombinationen sind durch genaue Beobachtung entstanden. Es gibt gute Kombinationen, bei denen sich die Gemüse positiv beeinflussen. Doch es gibt auch negative Kombinationen, bei denen einer oder sogar beide Partner verlieren. Einfluss darauf haben Wurzelausscheidungen und die Konkurrenz um Nährstoffe, Wasser und Licht. Ein sehr guter Partner für fast alle Gemüse ist der Spinat, denn er scheidet Saponine aus, die den anderen Gemüsen guttun. Ein Klassiker-Pärchen sind Möhre und Lauch. Sie wachsen nicht nur gut zusammen, sondern sollen sich, wenn sie nah genug beieinander stehen, Möhren- bzw. Zwiebelfliege vom Leib halten.

Wenn Sie Mischkulturen planen, achten Sie auch auf die Wuchsform. Hohe Gemüse können gut mit niedrigen unterpflanzt werden: Tomaten und Mais beispielsweise mit Salat. Setzen Sie ausladende Gemüsearten nicht zu dicht nebeneinander, sonst haben beide keinen Platz zum Wachsen. Orientieren Sie sich an den einschlägigen Mischkultur-Tabellen, sammeln Sie aber auch eigene Erfahrungen, welche Gemüsekombinationen gut funktionieren.

DAS GANZE JAHR ERNTEN

Bereits im zeitigen Frühjahr können Sie schnell wachsende, kälteverträgliche Gemüse wie Radieschen, Salat, Spinat und Feldsalat aussäen und nach wenigen Wochen ernten. So nutzen Sie den freien Platz im Gemüsebeet, bevor die kälteempfindlichen Gemüse wie Tomaten und Zucchini ab Mitte Mai gepflanzt werden. Die Schnellstarter sind dann schon längst geerntet. Damit Sie immer frische Radieschen und Pflücksalat haben, säen Sie etwa alle 14 Tage bis drei Wochen ein paar Samen neben langsam- oder hochwachsendes Gemüse oder in frei werdende Reihen.

Spätestens im Juli sind Dicke Bohnen, Frühkartoffeln oder Frühkohl geerntet und hinterlassen leere Reihen. Zichoriensalate und Rosen- und Grünkohl nehmen ihren Platz ein und können im Herbst und Winter geerntet werden. Planen Sie auch weitere Wintergemüse wie Lauch, Spinat und Feldsalat ein.

Das Indianerbeet

Lange bewährt und erfolgreich ist die Mischkultur von Mais, Kürbis und Stangenbohnen, auch bekannt als Indianerbeet oder Drei Schwestern. Die Stangenbohnen können am Mais emporklettern. Mit ihren Knöllchenbakterien sammeln sie Stickstoff, der den Starkzehrern Mais und Kürbis zur Verfügung steht. Die großen Kürbisblätter bedecken den Boden, halten ihn feucht und unterdrücken Unkraut. Diese Mischkultur ist so ausgewogen, dass sie über mehrere Jahre auf demselben Beet angebaut werden kann.

GEMÜSESTAUDEN: EINMAL GEPFLANZT, IMMER WIEDER GEERNTET

Es gibt einige wenige mehrjährige Gemüsearten, die nicht jedes Jahr aufs Neue gepflanzt werden müssen. Sie werden nicht in die Fruchtfolgeplanung aufgenommen und bekommen eigene Beete. Der Rhabarber – ein Mischwesen aus Obst und Gemüse – braucht nährstoffreichen und humosen Boden. Vom Topinambur, einem Sonnenblumenverwandten, können Sie ab Oktober reichlich kartoffelähnliche Knollen ernten. Von Nachteil ist sein unbändiger Ausbreitungswille: Hat man ihn einmal im Garten, wird man ihn so schnell nicht wieder los. Fast ein Selbstläufer ist der Grüne Spargel, von dem man in den ersten beiden Standjahren noch nichts ernten darf. Danach liefert er aber stetig grüne Spargelstangen. Geben Sie ihm einen Platz, wo er andere Gemüsearten nicht beschattet, denn seine fein befiederten Triebe werden bis zu 2 m hoch. Meerrettich und Sauerampfer sind eher Würze als Gemüse, können aber gut ans Ende eines der Stauden-Gemüsebeete gesetzt werden. Rucola übersteht in manchen Jahren wie eine Staude den Winter, sät sich aber auch zuverlässig selbst aus. Der **Gute Heinrich**, ein Wildgemüse, treibt ab April spinatähnliche Blätter mehr dazu auf Seite 94.

SORTENWAHL

Historische und regionale Sorten sind an die Standortbedingungen der jeweiligen Regionen gut angepasst. Oft sind sie auch samenecht und können über selbst gesammeltes Saatgut erhalten werden. Im Handel ist neben dem biologisch und konventionell erzeugten Saatgut (bei Letzterem gibt es ebenfalls samenechte Sorten) auch F1-Hybridsaatgut erhältlich. F1-Hybriden entstehen durch die gezielte Kreuzung zweier Elternsorten. Sie sind nicht samenecht und ihre guten Eigenschaften bleiben bei Selbstaussaat nicht erhalten. Die teuren Samen müssen nachgekauft werden, wenn sie alle sind. Ein Nachteil, wenn man gern selbst Saatgut sammelt. Im Bio-Anbau werden F1-Hybrid-Sorten unter anderem aus diesen Gründen abgelehnt. Ein Vorteil der F1-Hybrid-Sorten ist jedoch, dass viele von ihnen tolerant oder resistent gegenüber Pflanzenkrankheiten wie Kraut- und Braunfäule und Echtem und Falschem Mehltau sind. Das spart Ärger und Geld beim Pflanzenschutz. In Ihrem Naturgarten entscheiden Sie, worauf Sie bei der Sortenwahl Wert legen.

Mulch zwischen den Gemüsereihen (zum Beispiel Gräser und krautiger Rückschnitt, der bei Pflegearbeiten anfällt) unterdrückt Unkrautwuchs und hält den Boden feucht. Verteilen Sie bei der Ernte die weniger schönen Blätter von Mangold und Salat oder den Blattschopf von Möhren gleich etwas zerkleinert im Beet.

Kleemulch

Rot- und Weiß-Klee sind stickstoffsammelnde Leguminosen. Sät man sie auf einen Weg zwischen zwei Gemüsebeete oder auf einen breiten Streifen im Gemüsegarten, hat man immer Mulchmaterial in der Nähe. Schneiden Sie die Blätter mit einer Kleinsense und legen Sie sie als Mulch unter die Gemüsepflanzen. Der Klee gibt den Stickstoff beim Zersetzen an den Boden und die Pflanzen ab.

VON WEGEN UNKRAUT

Lassen Sie sich vom Unkraut nicht verrückt machen, vor allem im Frühling, wenn gerade vorbereitete Beete innerhalb weniger Tage wieder grün gefärbt sind. Es hat auch nützliche Funktionen: Manche sind **Zeigerpflanzen** und erzählen uns etwas über den Bodenzustand Seite 14. Andere sind schmackhafte **Wildkräuter** Seite 102, decken den Boden wie eine lebendige Mulchschicht zu oder locken mit ihren Blüten bestäubende Insekten und Nützlinge an.

Damit der Umgang mit dem Unkraut entspannt bleibt, gehen Sie bei der Beetvorbereitung besonders gründlich vor und entfernen Sie Wurzelunkräuter wie Quecke, Giersch und Ackerwinde. Denn sie treiben aus jedem

noch so kleinen Wurzelstückchen wieder aus. Samenunkräuter wie Vogelmiere und Knopfkraut wird man nie ganz los, denn ihre Samen können über Jahre, manchmal sogar Jahrzehnte in tieferen Bodenschichten schlummern. Sie keimen aus, wenn sie durch unsere Bodenbearbeitung ans Licht geholt werden.
Jäten Sie vor allem im Frühling die robusten und schnellwachsenden Unkräuter, wenn sie die jungen Gemüsepflanzen zuwuchern, denn die sind in diesem Stadium noch nicht konkurrenzfähig. Im Sommer können Sie das Unkraut auch mal etwas höher wachsen lassen, so lange es die Gemüsepflanzen nicht bedrängt oder sogar überwächst. Spätestens dann, wenn sich Blütenknospen zeigen, sollten Sie handeln und das Unkraut herausrupfen – und als Mulch ins Beet legen. Das sieht zwar etwas unordentlicher aus, tut der Natur jedoch gut und auch Ihnen, denn Sie müssen nicht gebückt im Beet stehen.

MULCHEN SPART WASSER

Eine etwa 2 cm hohe Mulchschicht aus Rasenschnitt, gejäteten, nicht blühenden Unkräutern, großen Gemüseblättern, Laub oder **Kleeschnitt** siehe Kasten hält den Boden feucht. Das bedeutet, dass Sie weniger gießen müssen, was vor allem im Sommer ein nicht zu unterschätzender Vorteil ist! Zudem unterdrückt der Mulch Unkräuter. Regenwürmer und andere Bodenorganismen verarbeiten das sich zersetzende organische Material und reichern so den Boden mit organischer Substanz an. Erneuern Sie etwa einmal wöchentlich den Mulch.

Leider ist so eine Mulchschicht ein wahres Paradies für Schnecken. Bei hoher Schneckendichte im Garten sollten Sie zum Wohl der Pflanzen besser auf Mulch verzichten. Eine Alternative wäre ein Unkrautvlies.

DÜNGEN UND GIESSEN

Die Starkzehrer unter den Gemüsearten wie Kürbisgewächse und Nachtschattengewächse brauchen zusätzlich zur Startdüngung auch während der Saison noch zwei- bis dreimal einen schnellwirkenden Flüssigdünger, zum Beispiel selbstgemachte **Pflanzenjauche** Seite 121 oder einen Volldünger. Ob es soweit ist, erkennen Sie meist an nachlassendem Wachstum und grüngelben Blättern.
Gemüse braucht Wasser, damit es gut wächst und hohe Erträge bringt. Verwöhnen Sie die Pflanzen trotzdem nicht. Dann können sie ein tiefreichendes Wurzelsystem ausbilden und

Der Rhabarber treibt schon im zeitigen Frühjahr aus. Die mehrjährige Staude macht wenig Arbeit, braucht aber viel Platz und im Frühling eine Gabe Kompost.

sich auch bei Trockenheit aus tieferen Bodenschichten selbst versorgen. Halten Sie vor allem nach der Aussaat bzw. Pflanzung das Beet feucht. Bei lang anhaltender Trockenheit wird durchdringend gegossen. Wässern Sie am besten morgens direkt in den Wurzelbereich. Sandig-leichte Böden können Wasser nicht lange speichern. Kontrollieren Sie hier öfter die Bodenfeuchte.

KRANKHEITEN UND SCHÄDLINGE

Echte Mehltaupilze machen Gurken, Zucchini, Kürbissen, Erbsen und Mangold zu schaffen. Die Kraut- und Braunfäule setzt Tomaten und Kartoffeln zu. Dagegen hilft, die Tomaten überdacht aufzustellen und tolerante bzw. resistente Sorten zu wählen. Schnecken raspeln gern die zarten Salate kurz und klein. Sammeln Sie die Schnecken in den Morgenstunden ab, stellen Sie Schneckenzäune auf und streuen Sie – im Notfall – biologisches Schneckenkorn. Ein feinmaschiges Gemüseschutznetz hält Kohlweißlinge, Kohleulen und andere Schmetterlinge und Weiße Fliege von Kohlpflanzen fern. Die Maden von Gemüsefliegen bohren sich mit Vorliebe in Möhren, Radieschen und Zwiebeln. Wechseln Sie jedes Jahr das Beet und decken Sie die Beete nach der Aussaat mit einem Gemüseschutznetz ab. Blattläuse tummeln sich an Mangold, Bohnen und anderen Gemüsen, sie werden aber meist von Marienkäfern und anderen Nützlingen in Schach gehalten.

Wildes Blattgemüse

In Ihrem naturnahen Garten werden sich nach und nach auch Wildkräuter und Wildgemüse ansiedeln. Und wenn nicht, helfen Sie einfach etwas nach. Sie sind um einiges robuster als unser kultiviertes Gemüse und brauchen weniger Pflege. Und sie würden sogar ihre eigene Aussaat übernehmen, wenn man sie ließe. Ein Plus für die Tierwelt: Die feinen Samen sind bei Singvögeln und kleinen Säugetieren wie Brand- und Rötelmaus beliebt.

ES MUSS NICHT IMMER SPINAT SEIN

Der echte Gemüsespinat hat so seine Tücken. Er wächst nur gut im Frühling und Herbst, im Sommer beginnt er bald zu blühen, ohne nennenswerte Blattmengen produziert zu haben. Garten-Melde, Guter Heinrich und Amarant sind sommertaugliche Spinatalternativen. Die jungen Blätter können roh in gemischte Blattsalate gegeben werden. Die älteren, größeren Blätter dünstet man.

Die einjährige Garten-Melde braucht einen nährstoffreichen Boden und einen sonnigen Stand. Wird sie vor der Blüte stark zurückgeschnitten, treibt sie wieder mit neuen Blättern aus. Die Wildform hat grüne Blätter, ausgelesene Sorten haben rote, purpurfarbene, gelbgrüne oder gescheckte Blätter. Der mehrjährige Gute Heinrich gedeiht auf nährstoffreichen, nicht zu trockenen Böden. Mittlerweile hat sich auch der aus Asien stammende Baumspinat (*Chenopodium giganteum*) bei uns etabliert. Er wird wegen seiner purpurn schimmernden jüngsten Blättchen auch Magenta Spreen genannt. Die Pflanzen gedeihen sowohl in der nährstoffreichen Erde eines Ge-

Von der Garten-Melde können Sie mehr als einmal ernten, wenn sie regelmäßig zurückgeschnitten und geerntet wird. Sie treibt dann neu aus.

müsegartens als auch in der Nähe von Hecken, wo der Boden trockener ist. Der einjährige Gemüse-Amarant (*Amaranthus lividus*) hat große, zarte Blätter. In seiner roten Erscheinungsform wird er Roter Meier genannt. Der verwandte Zurückgebogene Fuchsschwanz treibt sich als Unkraut im Gemüsebeet herum. Seine Blätter können nichtsdestotrotz roh oder gedünstet gegessen werden.

AMPFER FÜR ALLE

Der Sauerampfer ist eines der ersten Wildgemüse des Jahres. Schneidet man die Blüte regelmäßig aus, kann man die säuerlich-erfrischenden Blätter bis in den Herbst ernten. Sie peppen Frühlingssalate auf, werden zu Pesto oder zu Sauerampfersuppe verarbeitet. Doch darf man vom Sauerampfer nicht zu viel essen, denn er enthält Oxalsäure. Diese verhindert die Aufnahme von Eisen und Kalzium und fördert die Bildung von Nierensteinen. Nierenkranke sollten den Ampfer ganz meiden. Und wenn Sie den Ampfer doch nur im Frühling verwenden möchten, freuen sich die Raupen des Kleinen Feuerfalters über das Blattfutter. Sauerampfer-Fans legen Reihen des mehrjährigen Gemüses im Gemüsebeet an, besonders geeignet sind Großer Sauerampfer, Blut-Ampfer und Gemüse-Ampfer. Während diese drei Arten auf frischem, nährstoffreichem Boden wachsen, bevorzugt der kleinblättrige Schild-Ampfer trockenen Boden und eignet sich zur Bepflanzung an Trockenmauern oder im Steingarten.

DICKBLÄTTER IM SOMMER UND WINTER

Sommer-Portulak und Winterportulak haben sukkulente Blätter mit einem leicht säuerlichen Geschmack. Die jungen Triebe und Blätter passen gut in Salate, in Kräutersaucen, auf Omelette oder Rührei gestreut. Sommer-Portulak wächst auf trockenen, sandigen Böden und kann dort auch schnell zum Unkraut werden. Er wächst jedoch so flach, dass Sie ihn als schmackhaften Bodendecker bzw. lebendigen Mulch zwischen Ihren Gemüsepflanzen dulden oder sogar gezielt ab Mitte April aussäen können. Siedeln Sie den einjährigen Überlebenskünstler auch in den Fugen von Wegplatten oder Trockensteinmauern an. Sein Pendant für die kalte Jahreszeit ist der Winterportulak. Er wird ab August oder im zeitigen Frühjahr gesät und erhält sich durch Selbstaussaat.

Der Neuseeländer Spinat ist wie der Sommer-Portulak ein guter Bodendecker unter hochwachsenden Gemüsearten auf nährstoffreichen Böden. Gesät wird das wärmeliebende Gemüse ab Mitte Mai. Ist es erst einmal angewachsen, kommt es auch gut durch längere Durststrecken im Sommer. Seine Blätter können wie Spinat gedünstet werden.

VERWILDERNDES GEMÜSE

Gelegentlich neigen sogar die wohlerzogenen Kulturgemüse zum Verwildern, etwa Pflücksalat, Rucola und Feldsalat, die durch die Gemüsebeete mäandern, wo auch immer ihr Samen hingetragen wird. Lässt man Zichoriensalate, Mangold, Haferwurzel, Pastinake und Winterhecke-Zwiebel blühen, säen auch diese sich bereitwillig aus. Auch herabgefallene Wildtomaten entwickeln im folgenden Frühling ein Eigenleben. Entfernen Sie überzählige Sämlinge, damit die übrigen Pflänzchen gut wachsen können. Wo sie stören, werden sie entfernt oder umgepflanzt. Auf diese Weise entsteht eine spannende Gemüsemischung à la **Blackbox-Gardening** Seite 36.

Noch mehr Wildgemüse

Man nennt sie auch Unkräuter, doch liefern sie schmackhafte Blätter, Blüten und Wurzeln.

WILDGEMÜSE	DAS WIRD GEERNTET	HIER WÄCHST ES
Brennnessel	junge Blätter roh als Salat oder in Quark; ältere Blätter wie Spinat; getrocknet als Kräuterwürze oder Tee; Samen als Gewürz	Wildobsthecke, Hecke, Strauchrand, Kompostecke
Löwenzahn	junge Blattrosetten; Blütenknospen als „falsche Kapern“; Blüten für Sirup, Wein und zum Ausbacken; Wurzeln im Spätherbst geröstet als Kaffee-Ersatz	Baumscheiben, Wiesen
Kohl-Kratzdistel	junge Blätter wie Kohl; Blütenknospen als Artischockenersatz; zarte Blütenstängel als Stängelgemüse	feuchte Wiesen
Kohl-Gänsedistel	junge Triebe und Blätter im Frühling, im Sommer Triebspitzen wie Kohl; Blütenknospen als Artischockenersatz	Acker, Weinberg
Rapunzel-Glockenblume	Blätter im Frühling wie Salat; Wurzeln im Herbst wie Kartoffeln	Wegrand, Heckensaum
Gewöhnliche Nachtkerze	essbare Blüten zur Dekoration; Wurzeln im Herbst oder Frühling vor der Blüte wie Schwarzwurzeln	Gemüsebeet, Staudenbeet
Große Klette	junge Blätter wie Kohl; junge Blütenstiele (Mark) und Wurzeln schälen wie Schwarzwurzeln	Wiesen

Diese Arten werden selten im Gemüsebeet angebaut. Sie gedeihen auf ihnen genehmen Standorten und bleiben dort, wenn man sie lässt.

Im Kräutergarten

Die meisten Kräuter wachsen fast von allein und kommen – bis auf wenige Ausnahmen – jedes Jahr aufs Neue. Damit der Erntegenuss groß, der Pflegeaufwand jedoch gering ist, berücksichtigen Sie die Ansprüche der Kräuter. Mediterrane Sonnenanbeter wie der Lavendel gedeihen in voller Sonne auf einem abgemagerten Standort mit guter Dränage. Die verschiedenen Minzearten stehen lieber im feuchten Halbschatten. Unsere heimischen Kräuter Petersilie, Schnittlauch und Co. wachsen in humosem Gartenboden in Sonne bis Halbschatten, zum Beispiel im Gemüsebeet.
Gestalten Sie Ihr Kräutergärtlein in der Nähe der Küche, damit Sie die würzigen Blätter und Triebe ohne lange Wege ernten können.

DIE KRÄUTERSPIRALE

Ideal ist eine Kräuterspirale Seite 98: Das dreidimensionale Beet bietet verschiedenen Kräutern den passenden Standort in Sonne, Halbschatten und Schatten. Und das auf nur 6 m² Fläche! Die Spirale sollte einen Durchmesser von 3 m und eine Höhe von etwa 70 cm haben, damit sie möglichst viele Kräuter aufnehmen kann. Wie bei einer **Trockensteinmauer** Seite 41 speichern die Steine die Sonnenwärme und geben sie abends und nachts wieder ab. Können Sie einen kleinen Teich integrieren, sollte der im Süden der Spirale liegen. Seine kleine Wasserfläche speichert ebenfalls Wärme und reflektiert zusätzlich das Sonnenlicht. Wenn Sie bereits einen Teich im Garten haben, können Sie die Spirale an seiner Nordseite anlegen. Sonst macht sie sich gut als Blickfang an der Terrasse. Der spiralige Aufbau entsteht, wenn die Trockensteinmauer um ein Zentrum aus Bruchgestein aufgeschichtet wird. Bleiben Sie dabei außen flacher und werden Sie nach innen hin höher. Anstelle einiger Steine können Sie Niststeine für Wildbienen und Kleinsäuger sowie Halbhöhlenbrüterkästen einsetzen. Die Kräuterspirale kann aus unbearbeiteten Feldsteinen oder aus behauenen Natur- und Betonsteinen gebaut werden, je nachdem welche Materialien Sie bereits in Ihrem Garten verwenden. Der Handel bietet auch Bausätze für Kräuterspiralen an.
Füllen Sie die Spirale von unten nach oben mit verschiedenen Substratmischungen, sodass mindestens vier verschiedene Pflanzzonen entstehen. Der kleine Teich wird mit Kies und Wasser gefüllt. An den Teich schließt sich die Feuchtzone mit kompostangereichertem Gartenboden an. In der folgenden Übergangszone mit normaler Gartenerde fließt das Wasser durch den Schotter leicht ab. In der Trockenzone an der Spitze der Spirale ist die Erde mit Sand abgemagert.

KRÄUTER IM MINI-GARTEN

Reicht der Platz nicht für einen Bereich, in dem alle Würzkräuter versammelt sind? Dann verteilen Sie sie im Garten: Die einjährig gezogenen Petersilie, Kerbel und Basilikum reihen sich ins Gemüsebeet ein. Der mehrjährige Schnittlauch fasst das Gemüsebeet ein. Die Mittelmeerkräuter wandern ins Kiesbeet oder an die Trockensteinmauer. Hohe Kräuter mit attraktiven Blüten- und Samenständen wie Dill und Fenchel erobern sich einen Platz im Staudenbeet, ebenso die ausladenden Gesellen Estragon und Liebstöckel. Die ausbreitungswilligen Teekräuter Minze und Zitronen-Melisse begnügen sich mit einem Beet im Halbschatten.

Kräuterspirale

Auf kleinstem Raum sind viele verschiedene Kräuter vereint.

1 | **Am und im Teich** fühlen sich Brunnenkresse und Wasser-Minze wohl. Damit die Minze den Teich nicht mit ihren Ausläufern komplett für sich einnimmt, wird sie in einen großen Tontopf „gesperrt".

2 | **Die Feuchtzone** bietet heimischen Kräutern, die einen frischen, auch mal schattigen Standort und viele Nährstoffe brauchen, eine Heimat: Sauerampfer, Waldmeister, Petersilie, Kerbel, Rucola und Winterhecke-Zwiebel.

3 | **In der Übergangszone** fühlen sich wärme- und sonnenliebende Kräuter wohl: Dill, Schnittlauch, Pimpinelle, Oregano, Ysop und Garten-Bohnenkraut.

4 | **Die trockene Wärme der Trockenzone** mögen mediterrane Kräuter wie Berg-Bohnenkraut, Thymian, Salbei, Rosmarin, Majoran, Lavendel und Currykraut.

5 | **In den Mauerfugen** finden noch kleiner Thymian und Tripmadam Platz. Setzen Sie Wucherer wie Minze, Zitronen-Melisse und Estragon nicht in die Kräuterspirale, denn sie breiten sich stark durch Ausläufer aus und könnten die anderen Kräuter in kurzer Zeit verdrängen.

SICH SELBST AUSSÄENDE KÜCHENKRÄUTER

Einige Kräuter säen sich selbst aus, wenn man sie nach der Blüte nicht zurückschneidet. Bekannt dafür sind Lavendel, Ysop und Oregano, Schnittlauch und Ringelblume, Borretsch und Schnitt-Knoblauch, Fenchel und Dill. Das kann anfangs erwünscht sein, um eine gewisse Menge an Pflanzen heranzuziehen. Nehmen sie jedoch überhand, entfernen Sie überzählige Sämlinge und setzen Sie sie woanders hin. Aber: An dem Platz, den sich Lavendel und Co. selbst aussuchen, wachsen sie oft viel besser als an dem, wo wir sie platziert hatten. Wenn die Selbstaussäer nicht stören, lassen Sie sie gewähren.

PFLEGE FÜR DEN KRÄUTERGARTEN

Stehen die mehrjährigen Kräuter an einem ihnen genehmen Standort, kommen sie mit wenig Pflege aus: Im Frühling gibt es eine Kompostgabe. Nach der Ernte bzw. Blüte werden sie leicht zurückgeschnitten, damit sie kompakt bleiben. Überwintern Sie den kälteempfindlichen Rosmarin hell und kühl im Haus oder in der Garage. Kräuter, die im Lauf der Saison öfter stark für die Ernte zurückgeschnitten werden, werden nach dem Schnitt flüssig gedüngt. Dazu gehören Minze, Zitronen-Melisse, Schnittlauch und Basilikum.

KRÄUTER FÜR DEN WINTER TROCKNEN

Im Kräutergarten – und vielleicht auch in den angrenzenden Bereichen – wachsen die Kräuter manchmal so üppig, dass man sie trocknen und einlagern kann. Die meisten Kräuter haben im Sommer ihren Höhepunkt. Kurz vor der Blüte ist der Gehalt an ätherischen Ölen am höchsten. Dann werden Zitronen-Melisse, Minze, Salbei und Bohnenkraut zum Trocknen geerntet. Oregano schneidet man dagegen erst, wenn er in Vollblüte ist. Ernten Sie die Kräuter an einem trockenen Vormittag. Zupfen Sie die Blätter von den Stielen und legen Sie sie auf einem Dörrgitter oder auf einem mit Küchenpapier ausgelegten Backblech aus. Kräuterbündel werden kopfüber an einem warmen, trockenen und schattigen Ort aufgehängt, wo sie zügig trocknen können. Wenn die Kräuterblätter rascheltrocken sind, werden sie gerebelt, in Gläser abgefüllt und dunkel, kühl und trocken gelagert.

Im Herbst ist Erntezeit für die Wurzeln von Baldrian, Eibisch und Löwenzahn. Sie werden gewaschen, in feine Scheiben geschnitten und getrocknet. Im Frühling wachsen viele Wildkräuter besonders stark und haben jetzt auch ihr bestes Aroma. Ernten Sie darum so viel Giersch, Brennnessel und Co. wie nur möglich und trocknen Sie die Wilden. In einem Mixer zerkleinert lassen sich selbst große Mengen platzsparend in Gläser füllen und zum Würzen nehmen.

Heilende Kräuter

Kräuter würzen nicht nur unsere Speisen, sie bringen auch heilende Eigenschaften mit sich. Das gilt sowohl für gezielt kultivierte als auch für wild wachsende Kräuter.

SCHNELLE HILFE BEI SCHRAMMEN UND MÜCKENSTICHEN

Ein Schnitt hier, eine Schramme da – während der Gartenarbeit entstehen schnell mal kleinere Wunden. Da ist es gut zu wissen, wo Schafgarbe, Spitz-Wegerich oder Taubnessel stehen. Denn ihre Blätter wirken leicht zerdrückt wie ein Pflanzenpflaster: Sie stillen die Blutung und regen die Heilung an. Spitz-Wegerich hilft übrigens auch bei Sonnenbrand. Beifußblätter schützen vor lästigen Mückenstichen, wenn man sich mit ihnen einreibt. Den Juckreiz nach dem Stich können Sie mit zerriebenen Blüten von Rot-Klee oder Blättern von Gänseblümchen und Sauerampfer lindern.

RINGELBLUMENSALBE FÜR RAUE HÄNDE

Eine selbst gemachte Ringelblumensalbe pflegt raue und trockene Haut. Dafür werden die Ringelblumenblüten in geschmolzener Vaseline angesetzt. Nehmen Sie auf 100 g Vaseline 20 g getrocknete oder 50 g frische Ringelblumenblüten. Den Salbenansatz lässt man zwei bis drei Stunden unter häufigem Rühren bei milder Hitze ziehen, ohne dass er kocht. Dann werden die Ringelblumen abgeseiht und gut ausgedrückt. Rühren Sie nun die Salbenmasse so lange weiter, bis sie fast erstarrt ist. Dann kann sie in saubere Schraubgläser oder Cremetiegel gefüllt werden – und fertig ist die Salbe. Kühl und lichtgeschützt hält sie sich etwa drei Monate. Säen Sie die Ringelblumen an den Rand eines Gemüsebeets oder als Tuff ins Staudenbeet. Wenn Sie nicht alle Blüten ernten, können Samen ausreifen, die Sie sammeln oder die sich selbst aussäen können.

KOPFSCHMERZ UND MAGENGRIMMEN

Tees oder Tinkturen aus Waldmeister, Zitronen-Melisse oder Lavendelblüten helfen bei Kopfschmerzen, Nervosität oder durchwachten Nächten. Mediterrane Kräuter wie Basilikum, Rosmarin, Oregano und Thymian fördern die Verdauung. Und das auch schon, wenn man damit Speisen würzt. Und wenn sich der Magen doch mal verrenkt hat, helfen Kamillentee und Pfefferminztee. Ein Tee aus Fenchel- und Koriandersamen zu gleichen Teilen lindert Blähungen. Selbst angesetzte Kräuterliköre aus frischen oder getrockneten Kräutern und Gewürzen sind appetitanregend und verdauungsfördernd, etwa aus Minze, Zitronen-Melisse und Basilikum als Basis und Thymian, Salbei und Fenchel in geringerer Dosierung. Fügen Sie die Bitterkräuter Wermut, Eberraute und Weinraute hinzu, wird's ein Kräuterbitter.

HUSTEN UND SCHNUPFEN

Kratzt es unangenehm im Hals, pflücken Sie sich ein paar Salbeiblätter und brühen daraus einen Tee. Gegen Husten sind Majoran und Thymian gewachsen. Für einen Teeaufguss nehmen Sie pro Tasse 1 EL frisches Kraut, in der kräuterarmen Winterzeit 2 TL getrocknetes Kraut. Trinken Sie den Tee mit etwas Honig schluckweise. Ein Dampfbad mit 2 EL Kamillenblüten heizt verstopften Nasen ein. Hat die Erkältung schon voll zugeschlagen, fügen Sie dem Dampfbad außerdem noch Oregano und Thymian zu.

Wildkräuter-Frühling

Die wilden Frühlingskräuter bringen unseren Kreislauf in Schwung und schütteln die lästige Frühjahrsmüdigkeit ab. Die gesunden Inhaltsstoffe entschlacken den Körper, regen die Verdauung an und stärken die Abwehrkräfte, die im kalten Winter mit wenig Bewegung an der frischen Luft gelitten haben. Mischen Sie ein paar der zarten Gierschblätter in Salate oder Kräuterbutter. Denn das Unkraut hat es in sich: viel Vitamin A und C. Zudem wirkt es blutreinigend und entgiftend. Brennnessel und Löwenzahn wirken harn-

Zucker-Peeling für gepflegte Gärtnerhände

Ein Sugar Scrub säubert Ihre Hände nicht nur bis in die Hornhautrillen, sondern es desinfiziert und pflegt die Hände gleich beim Waschen. Das brauchen Sie dafür: 1 Tasse Zucker, 2 TL Pflanzenöl, die abgeriebene Schale einer Bio-Zitrone, den Saft einer halben Zitrone und die Blüten von 5 Lavendelzweigen (etwa 1 EL). Wenn Sie möchten, können Sie noch 1 TL neutrale Flüssigseife hinzufügen. Füllen Sie die Mischung in ein dunkles Schraubglas.

treibend und spülen Giftstoffe aus dem Körper (mehr zu diesen **Wildgemüsen** lesen Sie auf Seite 96). Die Bitterstoffe im Löwenzahn regen die Gallenproduktion an. Die Brennhaare der Brennnessel können Sie unschädlich machen, indem Sie die Blätter fest in ein Küchentuch einrollen. Die Stars der entschlackenden Frühjahrsküche sind jedoch Bär-

Bärlauch aussäen

Wer größere Mengen Bärlauch im Garten haben möchte, sät ihn aus. Das würzige Kraut ist ein Kaltkeimer und braucht die frostige Kälte des Winters. Säen Sie ihn darum im Herbst an Ort und Stelle aus. Wenn er dann im Frühling aufgeht, können noch einmal zwei bis drei Jahre bis zur ersten Ernte vergehen.

lauch und Sauerampfer, die Sie einfach im Garten ansiedeln können, indem Sie im Frühling Pflanzen in der Gärtnerei oder auf Pflanzenmärkten erstehen. Größere Mengen werden besser ausgesät. Viele andere gesunde Wildkräuter sind meist schon im Garten vorhanden und wachsen unter Sträuchern, in Kompostnähe, im Rasen oder im Gemüsebeet. Halten Sie unter Bäumen und Sträuchern Ausschau nach den glänzenden, runden Blättern des Scharbockskrauts. Die kräftig schmeckenden Blätter sind wie eine kleine Vitamin-C-Spritze. Nur wenige klein geschnittene Blätter reichen als Salatwürze aus. Geerntet wird nur so lange, bis die gelben Blüten im April erscheinen. Denn dann wird das Frühlingskraut leicht giftig.

Gänseblümchen, Giersch & Co.

Nehmen Sie ein Körbchen mit, wenn Sie im März und April durch den Garten spazieren. Denn einige Wildkräuter treiben die ersten Blättchen und die landen flott im entschlackenden Wildkräutersalat oder in einer wild-würzigen Kräuterbutter.

GIERSCH

Er gilt als unberechenbares Unkraut, das dem Gärtner das Leben im nährstoffreichen Gemüse- und Staudenbeet schwer macht. Unter Bäumen und Hecken sollte er sich stattdessen ausbreiten dürfen, denn dort bedecken seine Blätter als lebender Mulch den Boden. Junge Blättchen sind ein veritabler Petersilienersatz. Ältere Blätter schneidet man klein und gart sie mit. Größere Mengen können Sie trocknen. Den Giersch im Frühling fleißig zu ernten, kann ein Beitrag zu seiner Eindämmung sein.

VOGELMIERE

Am liebsten wächst die kälteunempfindliche Vogelmiere im nährstoffreichen Gemüsebeet, wo sie teppichartig den Boden bedeckt. Ernten Sie das Kraut, wenn Sie die Beete für die Frühjahrsaussaat vorbereiten. So verhindern Sie nicht nur, dass es blüht, sondern auch, dass es viele Samen bildet. Geben Sie die leicht nussig schmeckenden Blättchen an Blattsalate oder Kräuterdips. Wenn Sie selbst kein Fan der Vogelmiere sind, freuen sich Wellensittiche, Papageien, Kanarienvögel und Hühner über das vitamin- und mineralstoffreiche Futter.

BARBARAKRAUT

Seine Blätter sind überraschend scharf und erinnern an Kresse. Die jungen Blättchen erscheinen schon im zeitigen Frühjahr, manchmal kann man das Barbarakraut auch im Winter bei frostfreiem Wetter ernten. Geben Sie die Blätter in Blattsalate, Kräuterbutter oder genießen Sie sie auf dem Quarkbrot. Ab Mai können Sie die gelben, ebenfalls leicht scharfen Blüten pflücken. Säen Sie das zweijährige Barbarakraut ab August aus.
Doch Vorsicht: Schneiden Sie es vor der Blüte zurück, wenn es sich nicht aussäen soll.

SCHAFGARBE

Die mehrjährige Schafgarbe können Sie in Staudenbeeten oder in trockenen Wiesen ansiedeln. Ihre fein gefiederten Blättchen sind leicht zu erkennen. Sie duften angenehm aromatisch, ein wenig nach Petersilie und Rosmarin. Der leicht bittere Geschmack passt in geringer Dosierung gut zu Kartoffel- und Fleischgerichten. Im Sommer aromatisieren die Blätter und die rosa bis weißen Blüten Grillfleisch. Als Pflanzenpflaster haben die Blätter auch heilende Wirkung bei Schrammen und kleineren Wunden.

GÄNSEBLÜMCHEN

Wenn sie im gepflegten Rasen auftauchen, werden die niedlichen Gänseblümchen von dessen Besitzer meist verachtet. Im Blumenrasen sind sie jedoch erwünscht. Denn schließlich sind die weißen, manchmal rosa überhauchten Blüten oft die ersten im Jahr. Häufig sind die Gänseblümchen nur die Dekoration für Frühlingsbuffets und Frühlingssalate. Doch probieren Sie mal die Blüten. Sie haben ein leicht nussiges Aroma. Auch die Blätter sind essbar und erinnern im Geschmack an Feldsalat.

Im Obstgarten

Wo schlägt Ihr Frucht-Herz? Für den knackigen Apfel oder die samtige Birne, die süße Kirsche oder die saftige Aprikose? Geben Sie denjenigen Obstarten den Vorzug, denen Sie die optimalen Standortbedingungen im Garten bieten können. Auch wenn es dann doch der anpassungsfähigere Apfel wird und nicht die launenhafte Süßkirsche. Je besser Art und Standort zusammenpassen, desto vitaler ist die Pflanze, desto höher ist der Ertrag und desto besser ist die Fruchtqualität.

EINE FRAGE DES STANDORTS

Die meisten Obstarten kommen an einem sonnigen Standort mit einem nährstoffreichen, humosen und tiefgründigen Boden gut zurecht, zum Beispiel Pflaumen, Äpfel, Sauerkirschen, Quitten, Johannisbeeren, Brombeeren und viele Wildobstarten. Doch gibt es auch Obst-Kandidaten mit Spezialwünschen, wie etwa die Süßkirschen. Sie wachsen nur auf lehmhaltigen, lockeren Böden gut. Auf kalten, nassen und nährstoffarmen Böden kränkeln sie. Preiselbeeren und Heidelbeeren brauchen einen sauren Gartenboden, wie ihn auch Rhododendren lieben. Hohe Ansprüche ans Klima stellen Pfirsiche, Aprikosen, Wein und Kiwi: Sie gedeihen am besten im milden Weinbauklima. Sie wachsen zwar auch in kälteren Lagen, bringen hier aber selten die gewünschten Erträge oder schmackhafte, aromatische Früchte. Doch lohnt es sich, bei diesen Arten nach regionalen Sorten Ausschau zu halten, die ans kühlere Klima angepasst sind.

AUF DIE GRÖSSE KOMMT ES AN

Ein Obstriese mit ausladender Krone im Garten ist ein Traum, sowohl für den Gärtner, der in seinem Schatten sitzen kann, als auch für die Tiere, die Stamm und Geäst bewohnen. Doch so schön ein hoher Baum im Naturgarten auch ist, er nimmt viel Platz für sich in Anspruch. Für kleine Gärten bedeutet das: Mehr als ein Baum ist nicht drin. Doch wo bleibt dann die Vielfalt? Die können Sie sich auch in den kleinen Garten holen: mit kleinbleibenden Baumformen, die dank einer schwachwüchsigen Unterlage kleiner bleiben als Hoch- und Halbstämme. Buschbäume, Spindeln und Säulenbäume sind gut ohne Leiter zu pflegen, kommen zeitiger in den Ertrag und können meist vom Boden aus beerntet werden. Nur sind vor

Untermieter gefunden!

Pflanzen Sie anstelle der ausladenden Johannisbeer- und Stachelbeersträucher lieber Hochstämmchen. Denn unter denen ist noch genügend Platz und Licht für würzige Untermieter wie Schnittlauch, Petersilie, Kerbel, Thymian, Salbei, Majoran und Berg-Bohnenkraut. Die passen übrigens auch gut unter Säulenäpfel und andere schlanke Baumformen.

allem die Spindelbäume recht schnittintensiv. Der Wermutstropfen des Schwachwuchses ist: Die kleinen Bäume sind schnell erschöpft und müssen ausgetauscht werden. Spindelbäume sind nach etwa 15, spätestens 20 Jahren im Greisenalter. Spalierobst wird durch intensiven Schnitt recht schmal erzogen. Sie können die **Spaliere** vor Mauern und Hauswände stellen Seite 77 oder als Raumteiler anstelle einer geschnittenen Hecke verwenden.

OBSTBÄUME UNTERPFLANZEN

Vor allem in kleinen Gärten möchte man jeden Platz sinnvoll nutzen. Warum also nicht unter den Obstbäumen und Beerensträuchern kleine Beete anlegen? Das geht sowohl bei Jungbäumen als auch bei etablierten, älteren Bäumen. Achten Sie hier auf die unterschiedlichen Lebensbereiche unter dem Baum, für die es die passenden (Über-)Lebenskünstler gibt: Im trockenen Schatten der Baumkrone

Obstbaum-Lebensgemeinschaft

Nutzen Sie jeden Raum zum Ernten und legen Sie unter dem Obstbaum Gemüsebeete an. Das geht am besten unter noch jungen, mindestens fünfjährigen Bäumen.

Die Gemüsereihen werden konzentrisch auf der Baumscheibe angelegt und wachsen mit der Baumkrone mit.

1 | Kartoffeln lockern den Boden. Sie werden im ersten Jahr unter der Kronentraufe angepflanzt. Im zweiten Jahr wandert der Kartoffelring weiter nach außen.

2 | Setzen Sie Salate und einjährige Kräuter auf den ehemaligen Kartoffelring.

3 | Innerhalb des Salatrings können noch Erbsen oder Bohnen gesät werden. Sie reichern den Boden mit Stickstoff an, der später dem Obstbaum zur Verfügung steht.

Um die Baumwurzeln zu schonen, können Sie die Gemüsebeete nach Art der Lasagnebeete vorbereiten, siehe Seite 117.

Solch leuchtend rote Früchtchen sind für unsere Singvögel sehr verführerisch. Damit auch Sie etwas von den Johannisbeeren haben, sollten Sie Ihre Sträucher einnetzen, wenn die Früchte beginnen, sich rot zu färben. Schneiden Sie Johannisbeeren und andere Beerensträucher gleich nach der Ernte zurück.

gedeihen Frühlingsblüher wie Narzissen, Krokusse und Schneeglöckchen, Waldmeister, Europäische Haselwurz, Gefleckte Taubnesseln und Maiglöckchen. Im Traufbereich der Krone ist es etwas heller und feuchter. Hier können Sie Rote Nelkenwurz, Große Sterndolde, Lungenkraut, Wald-Schmiele, Blaues Pfeifengras oder auch Schatten-Segge ansiedeln. Auf der Nordseite kommen Storchschnabelarten wie *Geranium macrorrhizum* und *G. phaeum*, Elfenblume, Golderdbeere, Kleines Immergrün und Efeu noch gut zurecht. Die beste Pflanzzeit ist im Spätsommer, wenn die Bäume ihr Wachstum beendet haben und dem Boden nicht mehr so viel Wasser entziehen. Lockern Sie den Boden der Baumscheibe vorsichtig mit einer Grabegabel und füllen Sie die Pflanzstellen zwischen den Baumwurzeln mit Komposterde auf. Wässern Sie in den ersten Wochen. Das Falllaub darf ruhig lieben bleiben, es ist ein guter Winterschutz.

WILDE FRÜCHTE

Urige Wildobstarten wie Kornelkirschen, Eberesche und Schlehe sind oft anspruchsloser als unser Kulturobst. Das macht sie dort zu Standortspezialisten, wo das Kulturobst nicht mehr recht wachsen will. Auf trockenen, sandigen Böden gedeihen Felsenbirnen und Kartoffel-Rosen. Auf kalkhaltigen Böden können Sie Kornelkirschen und Kirschpflaumen ansiedeln. Die Hasel wächst auf jedem nicht zu trockenem Boden, außer auf Sand. Die Sibirische Honigbeere können Sie unter Bäumen ansiedeln, denn sie verträgt Wurzeldruck und Schatten. Selbst der Schwarze Holunder hält es im Halbschatten aus, wenn der Boden nährstoffreich und humos ist. Die Fruchtausbeute hält sich auf den extremen Standorten jedoch in Grenzen. Integrieren Sie die Wildsträucher in freiwachsende **Naturhecken** Seite 52. Sie sind auch in Einzelstellung als Solitäre eine schmucke Erscheinung: vor allem Schwarzer Holunder und Felsenbirne.

Die wilden Früchte sind sehr gesund: Sie enthalten Vitamine, Mineralstoffe und wertvolle sekundäre Inhaltsstoffe. Heimische Superfoods aus dem eigenen Garten! Die meisten Wildfrüchte sind im rohen Zustand eher herb, sauer oder bitter. Also nichts, das man sich im Vorbeigehen mal vom Strauch pflückt und in den Mund steckt. Die Früchte enthüllen ihr einzigartiges Aroma erst, wenn sie zu Saft oder Marmelade gekocht oder zu Likör veredelt werden. Einzig Felsenbirne und Kirschpflaume eignen sich zum roh Naschen. Von einigen Wildobstarten gibt es auch ausgelesene Sorten mit größeren Früchten und gleichmäßiger Fruchtreife.

FLORIERENDE OBSTWIESEN

Legen Sie **Blumenwiesen** erst fünf Jahre nach dem Pflanzen unter den Obstbäumen an Seite 24. Erst dann halten diese die Wurzelkonkurrenz der Wiesenpflanzen aus. Mähen Sie die Wiese zweimal im Jahr. Wiesen und Obstbäume – das hat Tradition. Wenn Sie genügend Fläche haben, können Sie eine Streuobstwiese anlegen. Kombinieren Sie dann Standardsorten für Streuobstwiesen mit regionalen Sorten und rund 10 % neuen, krankheitsresistenten Sorten. Kompetente Beratung erhalten Sie bei regionalen Vereinen zum Erhalt von Streuobstwiesen oder in Obstbaumschulen.

TEILEN ODER NICHT TEILEN

Im Sommer können Wacholderdrosseln, Amseln und Stare den leuchtend roten Früchten nicht widerstehen. Wenn auch andere Vögel sich an Kirsche und Co. gütlich tun, haben sie meistens Durst. Stellen Sie deshalb an trocken-heißen Sommertagen zusätzliche Vogeltränken auf. Auch der so putzige Waschbär kann zum echten Kirschen-Konkurrenten werden. Denn in kürzester Zeit erntet er einen ganzen Kirschbaum ab! Und man selbst findet nur noch die Kirschkerne siehe Kasten.

Was zu weit oben hängt, können Sie den Tieren überlassen. Doch ernten Sie nach ein paar Tagen alles ab, was die Vögel übrig gelassen haben. Das schützt die Früchte vorbeugend vor der Monilia-Fäule und Obstmaden.

Wenn Sie den Tieren nicht alles überlassen wollen, können Sie vor der Fruchtreife ein Vogelschutznetz über Obststräucher und Obstbäume hängen. Dabei dürfen die Tiere jedoch nicht zu Schaden kommen: Spannen Sie die auf den Boden hängenden Netzenden straff und befestigen Sie sie mit Heringen so, dass kein Schlupfloch bleibt. In locker übergeworfenen Netzen könnten sich Igel, Mäuse und andere Kleinsäuger verfangen, nicht mehr hinausfinden und qualvoll sterben. Schauen Sie täglich nach den übernetzten Obstgehölzen, schließen Sie bei der Gelegenheit Löcher und befreien Sie verirrte Vögel und gefangene Tiere. Nach der Ernte wird das Netz wieder abgenommen. Nehmen Sie ein Netz in hellen, auffälligen Farben, zum Beispiel Blau. Das fügt sich zwar nicht so harmonisch in den Garten ein wie ein grünes Netz, wirkt jedoch zusätzlich abschreckend auf Vögel. Denn dunkle oder gar grüne Netze können die Vögel nicht sehen. Sie fliegen mitten hinein und können sich verletzen.

Zuflucht fürs Kleingetier

Nach dem Obstbaumschnitt gibt es viel Holz, das entsorgt werden müsste. Warum lassen Sie es nicht einfach im Garten und schichten es in der Nähe einer Hecke oder an einem nicht so oft begangenen Ort zu einem lockeren Totholzhaufen auf. Darin finden Erdkröten, Frösche, Igel, Zauneidechsen, Spitzmäuse, Mauswiesel, aber auch Ohrwürmer, Schlupfwespen, Marien- und Laufkäfer einen sicheren Unterschlupf. Nashornkäfer, Wildbienen, Zaunkönig und Rotkehlchen nisten darin und ziehen ihren Nachwuchs groß.

Gartenverbot für Waschbären

Damit sich Waschbären nicht allzu wohl in Ihrem Garten fühlen, verschließen Sie die Mülltonnen fest oder stellen sie unzugänglich auf, stellen Sie gelbe Säcke erst am Tag der Abholung vor die Tür, geben Sie kein Fleisch, Fisch, Brot und Obst auf den Kompost, stellen Sie kein Katzen- oder Hundefutter über Nacht in den Garten (zum Beispiel für Igel). Ansonsten ist Toleranz gefragt. Wird der Säuger lästig, wenden Sie sich an den Revierförster.

WÜHLMAUS

Gärten in der Nähe von Wäldern und Feldern werden meist von Wühlmäusen unterwandert. Sie nagen an den Wurzeln und der Stammbasis von Gehölzen. Das unterbricht die Wasser- und Nährstoffversorgung und die Bäume welken im Frühjahr oder lassen sich leicht aus der Erde ziehen. Während ältere Bäume solch einen Überfall noch verkraften können, sind junge Bäume nicht mehr zu retten. Setzen Sie daher junge Obstbäume beim Pflanzen in unverzinkte Drahtkörbe (Durchmesser 60–80 cm). Suchen Sie bei Verdacht gezielt nach den Wühlmausgängen. Die erkennen Sie an dem hochovalen Eingangsloch und den seitlichen, unordentlich aufgeworfenen Erdauswürfen, in denen sich auch Pflanzenreste befinden können. In benutzte Gänge können Sie Fallen und Giftköder legen, um die Nager zu bekämpfen. Wichtig: Bevor Sie Fallen einsetzen, sollten Sie mit einer Verwühlprobe prüfen, ob es nicht doch ein Maulwurfsgang ist. Wühlmäuse verschließen die von Ihnen geöffneten Gänge innerhalb weniger Stunden, Maulwürfe erst nach Tagen, wenn überhaupt. Die insektenfressenden Maulwürfe stehen unter Naturschutz und dürfen weder gejagt, verletzt noch getötet werden.

Nisthilfen für Vögel, Fledermäuse und Insekten

Im Garten finden sich viele Ecken, an denen Sie Nisthilfen für Tiere aufhängen oder aufstellen können. Manchmal braucht es Geduld, bis so ein Häuschen bezogen wird, denn neue Produkte riechen eben noch zu neu für die zukünftigen Mieter. Sie müssen erst ein wenig anwittern. Hängen Sie die Behausungen an einer ruhigen Stelle auf, an der nicht so viel los ist. Und lassen Sie Ihren zukünftigen Untermietern auch ein wenig Privatsphäre.

VOGELNISTKÄSTEN

Unsere Singvögel haben ganz unterschiedliche Nistgewohnheiten: Blaumeise, Gartenrotschwanz und Trauerschnäpper bevorzugen Vollhöhlenkästen. Rotkehlchen, Amsel und Grauschnäpper bauen sich ihre Nester in Hecken oder in Nischen. Sie sind Halbhöhlenbrüter und können auch mit Halbhöhlenkästen gelockt werden. Manchmal okkupieren die Vögelchen aber auch Briefkästen oder alte Töpfe für ihr neues Heim. Die winzigen Zaunkönige bauen in Hecken kugelige Beutel aus fein verwobenem Moos und weichem Material. Im Handel gibt es sowohl einfache als auch ausgefallene Nistkästen. Achten Sie darauf, dass die Innenmaße nicht kleiner sind als 13 × 13 cm. Holz und Holzbeton sind gute Materialien, Kunststoff ist ungeeignet. Der Einfluglochdurchmesser für Vollhöhlenkästen reicht von 28 bis 32 mm. Eine Sitzstange ist nicht nötig. Hängen Sie die Kästen mit der Einflugöffnung in Richtung Osten oder Südosten an Bäume oder Masten in einer Höhe von 1,5 bis 1,8 m auf, damit weder Wind noch Regen ins Nest gelangen. Lassen Sie zwischen mehreren Nistkästen einen Abstand von 10 m. Ein Marder- bzw. Katzenschutz in 1 m Höhe schützt die Jungvögel vor den Räubern. Im September, allerspätestens im Februar werden die Nistkästen ausgefegt.

FLEDERMAUSQUARTIERE

Fledermäuse ziehen oft um: Sie haben Winterquartiere, sogenannte Wochenstubenquartiere für die Aufzucht und je nach Art noch Männchenquartiere, Pausenquartiere usw. Diese Quartiere finden die geflügelten Säugetiere in Baumhöhlen, in Stammrissen oder hinter abgelöster Rinde. Künstliche Fledermauskästen sind nicht notwendig, wenn es genügend dieser Lebensräume im Garten oder in der Umgebung gibt. Falls nicht, bringen Sie Spaltenkästen und Höhlenkästen an Bäumen oder an Gebäuden an – je nachdem welche Fledermausart Sie in Ihrer Gegend unterstützen möchten. Für das Braune Langohr, eine Baumfledermaus, wird der Fledermauskasten an einem Stamm angebracht. Hängen Sie die Kästen so auf, dass sie im Halbschatten oder Schatten liegen und nichts den An- und Abflug behindert. Höhlenkästen werden im Winter von Kot befreit, Spaltenkästen werden selten gereinigt.

Dank der beweglichen Vorderwand lässt sich dieser Vollhöhlenkasten leicht reinigen. Die Vorderwand wird mit zwei Klammern fixiert.

WILDBIENENHOTELS

Die meisten Wildbienenarten leben solitär und nicht in bevölkerungsreichen Staaten wie die Honigbienen. In naturnahen Gärten finden die Bienen leicht geeignete Nistquartiere: trockene, waagerecht auf einen Haufen gelegte Staudenstängel, senkrecht stehendes Schilf im Teich, Totholz oder sandig-lehmige Stellen. Sie nutzen die natürlichen Röhren oder legen selbst Niströhren an, in denen sie ihre Eier ablegen und etwas Futter in Form von Pollen dazugeben. Anschließend werden die Röhren verschlossen. Solche Nisthilfen können Sie auch in einem Wildbienenhotel vereinen. Schilf oder markhaltige Pflanzenstängel von Kugeldistel, Brombeere, Himbeere und Holunder werden in der Länge passend geschnitten. Vor die Stängel sollten Sie vielleicht noch Maschendraht anbringen, damit Vögel die Niströhrchen mit den Bienenlarven nicht herausziehen und verspeisen. Sägen Sie Bambusstangen mit einer fein gezähnten Säge so, dass jedes Stück mit einem Nodium, einem natürlichen Ende, abschließt. Entfernen Sie noch enthaltenes Mark mit einem Draht. In dicke Äste oder Holzstücke von gut abgelagertem Laubholz ziehen holzbewohnende Arten ein. Bohren Sie ins Längsholz (nicht ins Querholz) etwa 3–9 mm messende Löcher im Abstand von 1 – 2 cm und etwa zehnmal so tief, wie der Durchmesser der Bohrung ist. In Lehm oder Lehmoberputz ziehen grabende Bienenarten ein. Beide Materialien werden in einem Kasten gut verdichtet. Stechen Sie nur wenige, weit auseinanderliegende, knapp 2 cm tiefe Löcher mit 6 – 8 mm Durchmesser in den Lehm. Stellen Sie das Hotel an einer trockenen und sonnigen Stelle auf. Hängende Hotels sollten fixiert werden, damit sie nicht pendeln.

PRAXIS IM NATUR-GARTEN

„Entspannt gärtnern“ könnte das Motto des Naturgärtners lauten, denn er jagt nicht verbissen jedem Unkraut nach oder versucht, jedes Räupchen und jede Blattlaus zur Strecke zu bringen. Das regelt in den meisten Fällen die Natur.

In der Praxis unterscheidet sich der Naturgarten kaum von einem Biogarten: Es kommen keine künstlichen Dünger und chemischen Pflanzenschutzmittel zum Einsatz. Nützliche Tiere werden gezielt gefördert, damit sie sich um das eine oder andere Problemchen kümmern können. Eine der wichtigsten Arbeiten im Naturgarten ist Mulchen, Mulchen, Mulchen. Denn damit machen Sie es sich einfacher: Sie brauchen weniger zu gießen und zu düngen und das regelmäßige Jäten entfällt in den meisten Beeten auch. Das macht gelassener, und Sie haben mehr Zeit, Ihren Garten zu beobachten und die Perspektive zu wechseln: Dann werden Unkräuter zu wertvollen Bodendeckern, Mulchlieferanten und Insektenmagneten. Blattlaus, Raupe und Co. werden Sie vermutlich nicht liebgewinnen, doch sind sie eine proteinreiche Kost für die anderen Gartenbewohner. Keine Angst, Ihr Garten wird nicht über die Stränge schlagen, wenn Sie ihn ein wenig von der Leine lassen.

Pflanzen & Co. einkaufen

Nehmen Sie Bio-Siegel beim Pflanzen- und Saatgutkauf nicht als alleiniges Kriterium, sondern achten Sie auch auf die Regionalität. Denn regionale Gärtnereien und Baumschulen bieten an den Standort und das Klima angepasste Pflanzen bester Qualität, auch wenn sie keinem der Bio-Verbände angehören. Letztendlich stehen die Pflanzen bei Ihnen im Garten und werden von Ihnen naturgartengerecht und biologisch weiterkultiviert.

Schauen Sie beim Erdekauf in Säcken auch auf die Rückseite. Neben den Substraten auf Torfbasis gibt es auch viele torffreie Produkte. Diese sind auf der Basis von Komposterde und Rindenhumus, die sich in ihren Eigenschaften kaum von Torferden unterscheiden. Torfhaltige Erden sind ökologisch bedenklich, denn Torf wird in Hochmooren abgebaut und die Erdsäcke sind zu 80 – 100 % damit gefüllt.

Wenn Sie landwirtschaftliche Betriebe oder Pferdehöfe in der Nähe haben, können Sie sich von dort den wertvollen, stickstoffreichen Stallmist holen. Dort können Sie fragen, wie die Tiere gehalten werden und ob sie Antibiotika bekommen. Gehaltreichen Dünger können Sie einfach selbst herstellen, indem Sie **Pflanzenjauchen** ansetzen Seite 121 oder das organische Material, das in Garten und Küche anfällt, kompostieren.

Schauen Sie sich Ihre Wunschpflanzen in der Gärtnerei genau an. K.O.-Kriterien gegen einen Kauf sind: blattkranke, befallene oder kränkliche Pflanzen, bemooste Topferde oder viele Wurzeln, die aus dem Topfboden herausschauen.

Easy Gardening mit Mulch

Regelmäßig gemulchter Boden macht das Gärtnern auf lange Sicht einfacher. Regenwürmer und andere zum Teil mikroskopisch kleine Bodenlebewesen bauen die dünne Schicht organischen Materials langsam ab. Dabei entsteht Humus und der Boden wird mit Nährstoffen angereichert, an denen sich die Pflanzen bedienen können. Der Mulch hält den Boden länger feucht und es muss seltener gegossen werden. Das macht sich besonders im Sommer spürbar bemerkbar. Und auch regelmäßiges Unkrautjäten gehört der

Vergangenheit an, denn Unkrautwuchs wird unterdrückt. Und geht doch mal das eine oder andere Kräutlein auf der Mulchdecke auf, kann es einfach herausgezogen und gleich als Mulch wieder ins Beet gelegt werden – falls es nicht schon Samen gebildet hat. Der Nachteil einer Mulchdecke: Schnecken fühlen sich in dem feuchtwarmen Milieu paradiesisch wohl und nutzen es gern als Tagesversteck.

WOMIT WIRD GEMULCHT?

Hauptsächlich sind es organische Materialien, die auch kompostiert werden können: Rasenschnitt, Herbstlaub und Rückschnitt von krautigen Pflanzen aus dem Stauden-, Kräuter- oder Gemüsebeet. Auch Unkräuter sind guter Mulch, doch sollten Samenstände und bei Wurzelunkräutern wie Quecke, Acker-Winde und Giersch auch die Wurzeln abgeschnitten und entsorgt werden. Selbst Kompost oder kompostierter Stallmist können als Mulch unter Sträuchern und Bäumen ausgelegt werden. Diese Mulchmaterialien haben zusätzlich eine düngende Wirkung, die Sie bei den Düngergaben berücksichtigen sollten. Zeitungspapier und Pappe können als unterste Schicht in Schichtbeeten (**Lasagnebeete**: Seite 117) oder Hoch- und Hügelbeeten verwendet werden. Mit Holzhäckseln vom Hecken- oder Baumschnitt können Sie Sträucher und Bäume mulchen. Holzhäcksler kann man sich in Bau- und Gartenmärkten ausleihen.

Kies, Splitt, Lavagries und Glassplitt sind anorganisch und verrotten nicht. Die Steinchen eignen sich auf Beeten mit anspruchslosen Pflanzen, die keine zusätzliche Düngung benötigen, etwa winterharte Sukkulenten oder Kakteen. Auch Kiesbeete und Kübelpflanzen, Wege und größere Freiflächen können damit dekorativ abgedeckt werden.

Um den Kompost aufs Beet zu bringen und dort zu verteilen, brauchen Sie Schaufel und Harke. Zur Grundausstattung des Naturgärtners gehören weiterhin Sauzahn und Grabegabel zum bodenschonenden Lockern des Erdreichs.

LEBENDER MULCH

Kriechende, niedrig wachsende Pflanzen wie Erd-Klee, Duft-Veilchen, Thymian und Efeu bedecken ebenfalls den Boden, schützen ihn vor Verdunstung und versorgen die Bodenlebewesen mit herabfallendem Laub. Selbst Giersch und Vogelmiere sind ausgezeichnete Bodendecker an den Orten, wo sie andere Pflanzen nicht bedrängen. Neuseeländer Spinat, Sommer-Portulak, Spinat und Feldsalat können als essbare Unterpflanzung unter hohen Gemüsearten wie Tomaten eingeplant werden. Kürbis und Zucchini beschirmen mit ihren riesigen Blättern ebenfalls den Boden.

MULCH VERTEILEN

Gießen Sie durchdringend, bevor Sie die erste Schicht Mulch ausbringen. Das Mulchmaterial wird ungefähr 3 cm hoch ausgelegt. Eine höhere Schicht bringt keinen zusätzlichen Nutzen. Sie verrottet mehr schlecht als recht und kann schimmeln. Zerkleinern Sie Pflanzenmaterial wie Staudenabschnitte, Klee, Kräuter oder Gemüseblätter grob mit einer Gartenschere. Je feiner das Material ist, desto besser und schneller verrottet es. Wie früher das Jäten und Lockern des Bodens wird ab sofort das Mulchen zu den Routineaufgaben gehören.

WO BEKOMMT MAN DEN MULCH HER?

Fast alle Pflanzen, die im Garten wachsen, eignen sich als Mulch. Wenn hier eine allzu wuchernde Pflanze in Zaum gehalten werden muss, kann der Rückschnitt zum Mulchen verwendet werden. Sie können Mulchpflanzen sogar gezielt ansiedeln oder fördern und regelmäßig zurückschneiden wie Beinwell, Klee und Brennnesseln. Die großen Rhabarberblätter, die beim Ernten der Rhabarberstangen übrig bleiben, sind ebenso gutes Mulchmaterial wie Algen und Wasserpflanzen aus dem Teich.

Wenn man mit dem Mulchen beginnt, hat man meist zu wenig Material, um alle offenen Bodenflächen bedecken zu können. Mulchen Sie dann nach und nach oder fragen Sie Ihre Nachbarn, ob Sie nicht Mähgut, Herbstlaub oder Hecken- und Baumschnitt bekommen können. Ist das Mulchen erst einmal eine Routinearbeit, dann brauchen Sie nicht mehr solch große Mengen Material.

Strohmulch eignet sich gut für Kartoffeln. Bei Kürbis und Erdbeeren hält er die Früchte trocken.

Wassersparend gießen

Sammeln Sie von Haus-, Schuppen- und Garagendächern Regenwasser in Regentonnen und Zisternen. In heißen Sommern und bei Aussaaten können Sie es gut zum Wässern gebrauchen. Denn in der restlichen Zeit des Jahres wird man Sie in Ihrem gut gemulchten Garten selten mit der schweren Gießkanne oder dem sperrigen Schlauch herumlaufen sehen.

DURCHDRINGEND GIESSEN

Wird nur kurz und in aller Eile gewässert, kann das Gieß- und Regenwasser nicht bis in tiefere Bodenschichten sickern und dort gespeichert werden. Manchmal verdunstet es sogar ungenutzt an der Oberfläche. Die meisten Pflanzenwurzeln befinden sich in etwa 10 – 20 cm Tiefe. Damit der Boden gut durchfeuchtet ist, braucht man etwa 15 l Wasser pro Quadratmeter Boden. Das entspricht ein-

einhalb 10-Liter-Gießkannen. Geben Sie diese 15 l jedoch nicht in einem Rutsch, denn die kann der Boden gar nicht auf einmal aufnehmen, sie würden oberflächlich ablaufen. Verteilen Sie die Menge auf ein bis drei Gaben.
Gießen Sie am besten in den Morgenstunden. Eine abendliche Bewässerung sollte die Ausnahme bleiben, etwa an heißen Sommertagen, und dann direkt an die Wurzel erfolgen. Denn das Wasser lockt Schnecken an und auf feuchten Blättern können sich leicht Pilzkrankheiten ausbreiten.

GIESSEN LASSEN

Setzen Sie auf automatische oder auch halbautomatische Bewässerungssysteme. Die messen entweder mit Sensoren, ob der Boden trocken ist, oder haben eine Zeitschaltuhr und wässern zu einer bestimmten Zeit. Die angeschlossenen Tropfschläuche werden auf den Boden gelegt oder leicht eingegraben. Sie geben das Wasser direkt an den Pflanzen und in unmittelbarer Bodennähe ab, sodass wenig Wasser ungenutzt verdunstet. Übrigens sind diese Bewässerungssysteme auch eine zuverlässige Urlaubsvertretung für die Kübelpflanzensammlung.

Mulchen spart Arbeit

Ihr Garten ist voll mit Materialien zum Mulchen, Sie müssen nur die Perspektive wechseln.

MULCHMATERIAL	EIGENSCHAFTEN
Rasenschnitt	auf allen Flächen, etwa 2–3 mm hoch im Gemüse- und Staudenbeet, vorher leicht antrocknen lassen, verrottet schnell, düngt zusätzlich
Brennnessel, Beinwell und Klee	vor allem für Starkzehrer, kann hier die Flüssigdüngung im Sommer ersetzen, mit hohem Stickstoffgehalt, werden schnell abgebaut
Laub, Herbstlaub, Laub vom Heckenschnitt	auf allen Flächen, mit Herbstlaub Stauden- und Gemüsebeete für den Winter abdecken, Blätter von Eiche, Walnuss und Immergrünen verrotten nur langsam
Kompost, verrotteter Stallmist und Rindenkompost	düngen zusätzlich, werden im Frühjahr etwa 2 cm hoch unter Bäumen und Sträuchern ausgebracht
Rindenmulch und Holzhäcksel	etwa 2 cm hoch unter Bäumen und Sträuchern, verrotten langsam, zusätzlich Hornspäne unter der Schicht ausbringen, da beim Abbau Stickstoff verbraucht wird
Pappe und Zeitungspapier	3–5 cm hoch, für Schichtbeete (Lasagnebeete: Seite 117) oder zur Unterdrückung hartnäckiger Wurzelunkräuter

Wegen der enthaltenen Samen sind Wiesenschnitt und samentragende Unkräuter weniger zum Mulchen geeignet.

Bodenvorbereitung

Umgraben war gestern. Der Naturgärtner greift nur selten zum Spaten, sondern eher zu Sauzahn, Kultivator und Grabegabel. Denn der Boden wird schonend bearbeitet. Das bedeutet weniger Stress, sowohl für den Gärtner als auch für die Bodentiere. Lassen Sie die Zeit für sich arbeiten und bereiten Sie die Beete schon im Herbst vor: Säen Sie Gründüngung, bringen Sie frischen Mist aus oder bauen Sie Hoch- und Hügelbeete, die bis zum Frühling vor sich hin rotten und dann perfekt zum Bepflanzen sind.

LOCKERN STATT UMGRABEN

Das Gärtnerleben ist viel stressfreier, wenn wir uns das Umgraben sparen. Nicht nur, dass der Rücken nach einer solch aufwendigen Aktion schmerzt, auch die Bodenlebewesen finden solch ein Durcheinander der Bodenschichten wenig amüsant. Für einjährige Unkräuter wie Knopfkraut und Vogelmiere ist es dagegen eine Einladung zum Keimen, denn sie gelangen aus den tieferen Bodenschichten an die Oberfläche und bekommen endlich Licht. Sehr zu Ihrem Verdruss, denn die Unkräuter müssen Sie jetzt nach der riesigen Umgrabeaktion auch noch jäten ...

Auf nicht zu schweren Böden reicht es aus, wenn Sie den Boden vor der Aussaat bzw. Pflanzung mit einem Sauzahn oder Kultivator lockern. Etwas Bückarbeit ist hier auch vonnöten, um die Wurzelsprosse und Ausläufer der mehrjährigen Unkräuter Quecke, Acker-Winde und Giersch zu entfernen. Denn nur ein kleiner Schnipsel reicht aus, dass sie sich das Beet erneut zurückerobern. Große Bodenbrocken werden mit einer Harke zerkrümelt und dann die Beetoberfläche eingeebnet.

Beete nach Lasagne-Art

Wie bei einer italienischen Lasagne werden verschiedene Zutaten aufeinandergeschichtet.

Der Vorteil dieser Schichtbeete:

Selbst auf durchwurzelten, verunkrauteten oder verdichteten Böden ist ein Anbau möglich, ohne dass aufwendig umgegraben werden muss.

So geht's:

Auf den Boden mit Rasen oder krautigem Wildwuchs werden ein bis zwei Lagen Pappkarton überlappend ausgelegt. Darauf kommt eine etwa 10 cm hohe Schicht reifer Kompost, der mit Zeitungspapier abgedeckt wird. Nun werden wie beim Kompostbauen stickstoffreiche, feuchte und kohlenstoffreiche, trockene Materialien so lange abwechselnd aufgetragen, bis eine Höhe von etwa 50 cm erreicht ist. Wichtig: Jede Schicht gut wässern, damit die Verrottung in Gang kommt. Den krönenden Abschluss bilden Zeitungspapier und reifer Kompost oder Gartenerde.

Geben Sie frisch gepflanzten Gehölzen einen Pfahl an die Seite, der sie in den ersten Jahren stabilisiert.

Schwerer, lehmiger Boden lässt sich nur recht mühsam mit dem Sauzahn lockern. Hier dürfen Sie umgraben, wenn Sie ein neues Beet anlegen möchten. Lassen Sie sich dabei vom Frost helfen und graben Sie im Herbst um. Der Frost zersprengt die Bodenplatten und macht den Boden krümelig. Auch schwere Böden können locker und sauzahntauglich werden: Mulchen Sie dafür den Boden laufend, denn das regt das Bodenleben an und der Boden bleibt krumig-locker (**Mulchen**: Seite 113).

NEUE BEETE ENTSTEHEN LASSEN

Um Neuland zu gewinnen, können Sie auch Rasen und andere Flächen in Beete umwandeln. Doch ist der Boden hier meist sehr durchwurzelt. Um ein Beet entstehen zu lassen, müsste der Rasen umgestochen werden. Das geht ja noch. Aber bei stark verunkrauteten Flächen ist das sehr mühselig, denn jedes Fitzelchen Unkraut muss entfernt werden, damit später die Pflanzen auf dem Beet gut wachsen können. Einfacher ist es, die Fläche mit Mulchfolie oder mehreren Lagen Pappkarton oder Zeitungspapier abzudecken und die Pflanzen darunter auszuhungern. Dafür sollten Sie jedoch mindestens ein Jahr Zeit einplanen, wenn nicht sogar länger. Relativ schneller geht es, Hügelbeete oder sogenannte **Lasagnebeete** siehe Seite 117 direkt auf dem Bewuchs anzulegen. Diese Beete werden aus verschiedenen Materialien aufgeschichtet, der Abschluss ist immer reifer Kompost oder Gartenerde. Selbst hartnäckige Wurzelunkräuter kommen nicht mehr durch die Schichten. Legen Sie Hügelbeete und Lasagnebeete am besten im Herbst an. Dann können sie im Frühjahr bepflanzt werden. In der Zwischenzeit verrotten die Zutaten und das Beet sinkt etwas zusammen. Soll das Beet eher bepflanzt werden, verarbeiten Sie mehr Kompost bzw. Gartenerde, das regt die Rotte an.

GUTER START FÜR GEHÖLZE

Bäume und Sträucher bleiben ihrem Standort über Jahrzehnte treu. Darum ist es hier besonders wichtig, den Boden gut vorzubereiten und die Pflanzgrube ausreichend tief auszuheben. Für Bäume sollten es mindestens 40 cm sein und etwa 70 × 70 cm in der Fläche. Ist der Wurzelballen bereits größer, zum Beispiel bei älteren Bäumen, heben Sie die Grube etwa ein Drittel größer aus, als der Ballen ist. Für Sträucher reicht es, wenn die Pflanzgrube 30 cm tief und 50 × 50 cm breit ist. Lagern Sie beim Ausheben die ersten 30 cm fruchtbaren Oberboden und den darunterliegenden Unterboden getrennt voneinander. Sie sollten sich nicht vermischen oder in verkehrter Reihenfolge wieder ins Pflanzloch eingebracht werden. Lockern Sie den Boden der Grube gut mit einer Grabegabel oder einem Spaten.

Mischen Sie den Oberboden mit zwei bis drei Schaufeln Kompost, verrottetem Mist oder einem anderen organischen Dünger. Ein Drittel des aufgebesserten Oberbodens wird in die Grube geschüttet. Schneiden Sie verletzte Wurzeln zurück und setzen Sie die Gehölze so tief, wie sie im Topf standen bzw. bis Ballen- oder Wurzelwerkoberkante. Füllen Sie wiederum ein Drittel des Erdaushubs ein, treten Sie ihn fest an und schlämmen Sie die Pflanzgrube gut mit Wasser ein. Zum Schluss wird die noch übrige Erde ins Pflanzloch gefüllt, dabei ein Gießring bzw. Gießgraben geformt und noch einmal gewässert.

Kompost: Alchemie im Garten

Gold des Gärtners wird der Kompost auch gern genannt. Wie das Gold in der Alchemie wird er aus profanen Dingen hergestellt: Garten- und Küchenabfälle verwandeln sich in goldenen Dünger. Golden, weil der Kompost ein sehr wertvoller und dazu noch preiswerter, selbst herzustellender Dünger ist. Einziges Manko: Der Stickstoff wird langsamer freigesetzt, als man manchmal meint, und darum muss meist mit Hornspänen oder Hornmehl nachgedüngt werden.

GEKONNT KOMPONIERT

Kompost herstellen scheint eine hohe Kunst zu sein – wenn man manchen Gärtnern zuhört. Zum Glück ist es eine Kunst, die Sie lernen können. Geben Sie sich Zeit, die richtige Mischung der Zutaten zu finden – aber dann ist Ihr Kompost perfekt. Es kommt vor allem darauf an, die verschiedenen Materialien aus Garten und Küche so zu kombinieren, dass trockene und feuchte, stickstoff- und kohlenstoffreiche und fein und grob zerkleinerte Zutaten im richtigen Verhältnis zueinander sind. Denn kommen zu viele trockene, kohlenstoffreiche Materialien wie trockenes Laub und Holzschnitt auf den Kompost, verrotten sie nur sehr langsam. Es sei denn, man gibt gleichzeitig feuchte, stickstoffreiche Materialien wie Rasenschnitt und Fallobst dazu. Zerkleinern Sie Strauchschnitt und Staudenstängel mit einer Schere oder einem Häcksler, denn je kleiner die Teile sind, desto mehr Angriffsflächen finden die Mikroorganismen. Doch auch hier muss die Mischung stimmen, denn zu feines Material sackt zusammen und lässt keinen Sauerstoff mehr eindringen, der für die Abbauprozesse wichtig ist.

Stickstoffreiche Materialien sind: Rasenschnitt, Fallobst, Gartenabfälle (auch Unkräuter ohne Samen), Schälreste von Obst und Gemüse, Tee- und Kaffeesatz, fein zerkleinerte Eierschalen und Mist von pflanzenfressenden Haustieren (nur in kleinen Mengen). Koh-

Im Schnellkomposter aus schwarzem Kunststoff verläuft die Rotte schneller als im Komposter aus Holzlatten.

lenstoffreich und eher trocken sind: trockenes Laub, Strauchschnitt, Stroh, Papier und Pappe, Holzspäne, Kleintierstreu von vegetarischen Haustieren und Erde.

3 × KOMPOST

Je nachdem, wie lange Sie den Kompost verrotten lassen, können Sie unterschiedlich reifen Kompost ernten. Nach sechs bis acht Wochen ist der Frischkompost fertig. Er enthält noch erkennbar holzige Anteile, und Asseln und Springschwänze wuseln herum. Frischkompost ist ein guter Mulch unter Bäumen und Sträuchern, wo er mit Gras, Laub oder Erde abgedeckt wird. Nach neun bis zwölf Monaten ist der Kompost reif. Er ist dann krümelig, erdig und riecht nach Waldboden. Noch enthaltene holzige Bestandteile werden vor dem Ausbringen ausgesiebt. Geben Sie den Reifkompost im Frühjahr in einer etwa 0,3 – 0,5 cm hohen Schicht aufs Beet und arbeiten Sie ihn mit dem Sauzahn oder Grubber ein. Starkzehrende Gemüse und Stauden, Rosen und Rasen bekommen im Sommer eine zweite Gabe. Geben Sie zusätzlich Hornmehl, um den hohen Stickstoffbedarf zu decken. Der eher basisch wirkende Kompost ist nichts für Rhododendron und Heidelbeere, die sauren Boden bevorzugen. Diese Spezialisten brauchen einen sauer wirkenden Nadelkompost.
Lässt man den Kompost ein paar Jahre stehen, sind die meisten Nährstoffe ausgewaschen und er eignet sich nicht mehr als Dünger. Er ist aber immer noch ein wertvoller Bodenverbesserer und gute Aussaaterde.

SO FÄNGT ES AN

Legen Sie Ihren Kompostplatz in einer schattigen, windgeschützten Ecke an, wo auch etwas Platz ist, um Zutaten wie Holzschnitt oder Staudenrückschnitt zwischenzulagern. Sichern Sie den Kompost nach unten mit Kaninchendraht ab, der von unten zuwandernde Mäuse und Ratten aussperrt. Kleinere Bodentiere wie Kompostwürmer, die das organische Material abbauen, können jedoch durch die engen Maschen schlüpfen. Legen Sie für eine bessere Durchlüftung ein paar Äste auf den Boden. Darauf kommen eine 15 – 20 cm hohe Schicht zerkleinerter Zutaten wie Holzhäcksel, Rasenschnitt oder Küchenabfälle, etwas reifer Kompost oder Gartenerde und Algenkalk, Hornmehl oder klein geschnittene Brennnesseln als Kompoststarter. Feuchten Sie die Materialien wenn nötig an. So können Sie weiter aufschichten, bis Sie bei etwa 130 cm Höhe angekommen sind. Wenn Sie genügend Materialien haben, können Sie den Kompost gleich fertig machen, oder Sie füllen ihn nach und nach auf. Decken Sie den Kompost mit Erde oder Rasenschnitt ab und lassen Sie die Verrottung beginnen.

PFLEGE-EINHEITEN

Wird der Kompost im Sommer zu trocken, setzt die Rotte aus. Wässern Sie ihn dann durchdringend, ohne dass er dabei zu nass

Schneller Wurmkompost

In sogenannten Wurmfarmen bauen Kompostwürmer in übereinandergestapelten Holz- oder Kunststoffkisten Garten- und Küchenabfälle zu Humus ab – das aber um einiges schneller als in einem Gartenkompost. Der Wurmkompost ist sehr konzentriert und sollte sparsam eingesetzt werden. Ein Abfallprodukt der Wurmhumus-Produktion ist der Wurmtee, der im Verhältnis 1 : 10 mit Wasser verdünnt ein schnell wirkender Flüssigdünger ist.

wird. Zu viel Feuchtigkeit kann mit Sägespänen, Zeitungspapier oder Pappe aufgesaugt werden. Im Winter laufen die Abbauprozesse verlangsamt weiter, wenn der Kompost mit Laub oder Rasenschnitt warm eingepackt wird. Etwa vier Wochen nach dem Aufsetzen wird der Kompost das erste Mal umgesetzt, dann noch einmal zwei Monate später oder im Frühling, wenn der Kompost im Herbst aufgesetzt wurde. Das Umsetzen ist nicht unbedingt notwendig, bringt aber die Rotte wieder in Gang und der Kompost ist eher fertig.

WIR MÜSSEN DRAUSSEN BLEIBEN

Manche organischen Materialien verrotten nur sehr, sehr langsam und sollten nur in geringer Menge auf den Kompost gegeben werden: etwa Laub von Eichen, Kastanien und Walnuss, Holzasche sowie Schalen von Bananen und Zitrusfrüchten. Problematisch sind samentragende Pflanzen, zum Beispiel Wiesenheu und Unkräuter, denn deren Samen verrotten meist nicht vollständig und können mit dem Kompost im Garten verteilt werden. Unsicherheiten bestehen bei kranken Pflanzen: Alle Pflanzen, die an Wurzelkrankheiten, Sklerotiumfäule, Kraut- und Braunfäule und Welkekrankheiten leiden, dürfen nicht auf den Kompost. Ebenso rutenkranke Him- und Brombeeren, kräuselkranke Pfirsichblätter und madiges Gemüse wie Radieschen, Lauch und Zwiebeln. Denn im Gartenkompost werden während der Rotte selten Temperaturen zwischen 50 und 60 °C erreicht, was die meisten pflanzlichen Schaderreger, Schädlinge und Unkrautsamen vernichtet. Unbedenklich sind fauliges und madiges Obst und die meisten Blattkrankheiten und -schädlinge.
Gar nichts haben diese Materialien auf dem Kompost verloren: gekochte Speisereste, Wurst, Fleisch, Knochen, Fisch, Plastik, Metall, Glas, Textilien und Kohlenasche.

FLÄCHENKOMPOST

Fallen Herbstlaub, Hecken- und Staudenschnitt in größeren Mengen an, kann das für einen kleinen Komposter zu viel werden. Häckseln Sie das Pflanzenmaterial und verteilen Sie es als bis zu 15 cm hohe Schicht auf freien Beetflächen oder auf Baumscheiben. Noch etwas reifen Kompost oder Gartenerde als Starter obendrauf und die wertvollen Zutaten verrotten und nähren Pflanzen und Bodenlebewesen.

Düngen im Naturgarten

Um Ihre Pflanzen mit Nährstoffen zu versorgen, können Sie den Bio-Dünger im Handel kaufen oder Sie machen ihn ganz einfach selbst: Wie der Kompost sind auch Pflanzenjauchen und Gründünger garteneigene Produkte.

SELBST GEBRAUTE PFLANZENJAUCHEN

Aus Brennnessel- und Beinwellblättern können Sie selbst einen schnell wirkenden Flüssigdünger herstellen. Das dauert etwa zwei bis drei Wochen. Angesetzt wird der Super-Dünger in einem 30-l-Kunststofffass aus 1 kg klein geschnittenem frischem Kraut und 10 l kaltem

Wasser. Im Wasser beginnen die Pflanzen zu vergären, was auch geruchlich zu bemerken ist. Um den Geruch zu mindern – wohlgemerkt nicht auszuschalten –, hilft eine Handvoll Gesteinsmehl, das auf die Jauche gestreut wird. Sobald die Flüssigkeit nicht mehr schäumt, ist der Dünger gebrauchsfertig. Seihen Sie die Pflanzenreste ab und verdünnen Sie die Jauche mit Wasser: für Starkzehrer im Verhältnis 1 : 10, für alle anderen Pflanzen, die Nährstoffnachschub brauchen, 1 : 20. Fertige Pflanzenjauchen sind bis zum Ende des Gartenjahres haltbar. Reste können im Herbst auf den Kompost gegossen werden. Übrigens können Sie auch alle anderen frischen Pflanzen für eine Jauche verwenden. Brennnessel und Beinwell sind so beliebt, weil sie sehr stickstoffreich sind, der Beinwell auch kaliumreich.

NATURDÜNGER

Stallmist, Hornspäne und Hornmehl liefern vor allem Stickstoff. Wenn Sie einen Bauernhof in der Nähe haben, nutzen Sie die Chance und holen Sie sich Stallmist, wenn möglich bereits abgelagerten Mist. Frischer Stallmist ist zu stark für die Pflanzen. Er wird erst einmal auf einen Haufen geschüttet, wo man ihn für ein Jahr verrotten lässt. Nur besonders nährstoffbedürftige Gemüse- und Staudenarten vertragen den verrotteten Stallmist. Bringen Sie ihn alle drei Jahre bei der Bodenvorbereitung aus und arbeiten Sie ihn flach in den Boden ein. Geben Sie Hornmehl erst kurz vor der Aussaat oder Pflanzung bzw. im Frühjahr. Hornspäne sind gröber als Hornmehl und eignen sich besser für Staudenpflanzungen, Gehölze und Beerenobst. Sie werden langsamer abgebaut und der Stickstoff steht erst später zur Verfügung.

BIO-DÜNGER

Im Handel erhältliche Bio-Dünger gibt es als Volldünger oder Spezialdünger für unterschiedliche Gartenkulturen. Wenn Sie bereits mit Kompost düngen, ist der Boden schon gut mit Phosphor versorgt. Verwenden Sie dann möglichst phosphatfreie oder -arme Produkte wie Vinasse und Patentkali. Vinasse ist ein Abfallprodukt aus der Zuckerproduktion, das vor allem Stickstoff und Kalium enthält. Sie ist meist auch die Basis für Bio-Flüssigvolldünger. Patentkali ist ein schnell wirkender Dünger mit Magnesium und Schwefel. Er hilft auch bei akutem Kaliummangel.

GRÜNDÜNGER

Gründüngungspflanzen sind wie ein Joker im Garten: Sie reichern den Boden mit Nährstoffen an, lockern ihn oder fangen Nährstoffe auf, bevor sie ausgewaschen werden. Im Gemüse-

Pflanzenjauchen aus Brennnesseln sind schnell zubereitet und nach 14 Tagen bis drei Wochen einsatzbereit. Vor dem Düngen unbedingt verdünnen!

garten kann man sie gut in die Fruchtfolge nach den Schwachzehrern eingliedern, zum Beispiel Phacelia und Buchweizen, die mit keinem Gemüse verwandt sind. Im Spätsommer oder Herbst können überwinternder Winter-Roggen oder schnell wachsender Senf auf abgeerntete Gemüsebeete gesät werden. Bei der Gründüngung wird das zerkleinerte Pflanzenmaterial angetrocknet und dann oberflächlich eingearbeitet oder es bleibt über den Winter als Mulch liegen. Es kann aber auch kompostiert werden. Die Wurzeln bleiben im Boden und hinterlassen feine Gänge, wenn sie verrotten. Auf neu anzulegenden Beeten kommen tiefenlockernde Arten mit langen Wurzeln ins Spiel wie Öl-Rettich und Lupinen. Als Beetvorbereiter machen sich auch Kartoffeln gut, denn sie hinterlassen einen feinkrümeligen Boden und unterdrücken mit ihrem Wuchs Unkraut. Und der Gärtner kann von dem zukünftigen Beet schon die erste Ernte einfahren.

Phacelia, Lupinen und Studentenblumen locken mit ihren Blüten zahlreiche Insekten an. Doch spätestens vor der Samenbildung ist Sense, im wahrsten Sinne des Wortes, denn nun sollten die Gründüngungspflanzen gemäht oder gesenst werden. Sonst gebärden sich die nützlichen Pflanzen bald als lästige Unkräuter, auch wenn man es den Insektenmagneten vielleicht verzeihen kann.

Blühender Dünger

Schmetterlingsblütler sind beste Stickstoffdünger, denn mit den Knöllchenbakterien an ihren Wurzeln sammeln sie Luftstickstoff, von dem auch andere Pflanzen etwas haben.

NAME	AUSSAATZEIT	EIGENSCHAFTEN
Luzerne	März bis August	wurzelt tief und reichert den Boden mit Stickstoff an, winterhart
Büschelschön, Phacelia	März bis September	wächst schnell und ist eine gute Bienen- und Hummelweide
Öl-Rettich	März bis September	wurzelt tief und lockert selbst verdichtete Böden, ist ein Kreuzblütler
Weißer Senf	März bis September	wächst schnell, bei der Fruchtfolge im Gemüsegarten beachten, dass er ein Kreuzblütler ist
verschiedene Kleearten	April bis August	reichern den Boden mit Stickstoff an
Lupinen	April bis August	lockern den Boden mit tiefen Wurzeln und reichern ihn mit Stickstoff an
Buchweizen	Mai bis August	wächst schnell, ist eine gute Bienenweide
Winter-Roggen	September bis Oktober	durchwurzelt den Boden gut, winterhart

Säen Sie Studentenblumen (Tagetes patula) auf nematodenverseuchten Böden aus.

Sauzahn, Sense & Co.

Ganz ohne Grubber, Hacke oder Schaufel kommt auch der Naturgärtner nicht aus. Platzsparend im Schuppen sind Kombisysteme, bei denen Sie je nach Bedarf lange und kurze Stiele mit einem Bodenbearbeitungsgerät kombinieren können.

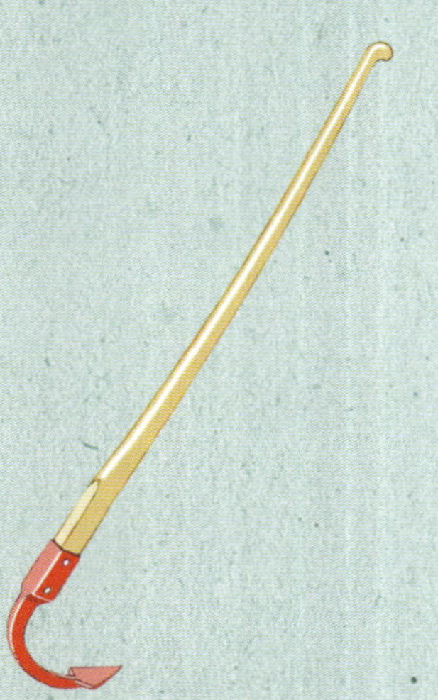

SAUZAHN

Der einzinkige Sauzahn ersetzt dem Naturgärtner den Spaten bei der Bodenvorbereitung. Denn mit dem gebogenen Zinken an der Spitze wird der Boden spatentief gelockert, ohne dabei das Bodengefüge durcheinanderzubringen. Dafür zieht man seine Bahnen zunächst parallel und dann noch einmal im 90°-Winkel. Das macht jedoch nur auf lockeren, humusreichen Böden Spaß. Auf schweren Tonböden ist die Arbeit sehr anstrengend, da sich der Zinken nur schwer bewegen lässt. Hier muss die Grabegabel oder der Spaten ran.

GRABEGABEL

Die Grabegabel kommt zwar nicht oft zum Einsatz, darf im Schuppen eines Naturgärtners jedoch nicht fehlen. Mit ihr können Sie Ihren Komposthaufen umschichten. Auf stark verunkrauteten Flächen heben die Zinken die Unkräuter sanft an, sodass man sie samt Ausläufer herausziehen kann. Und Sie können Beete und Rasenflächen belüften, indem Sie die Zinken in den Boden rammen und das Werkzeug am Stiel mehrmals hin und her bewegen. Dann herausziehen und ein paar Zentimeter weiter wiederholen.

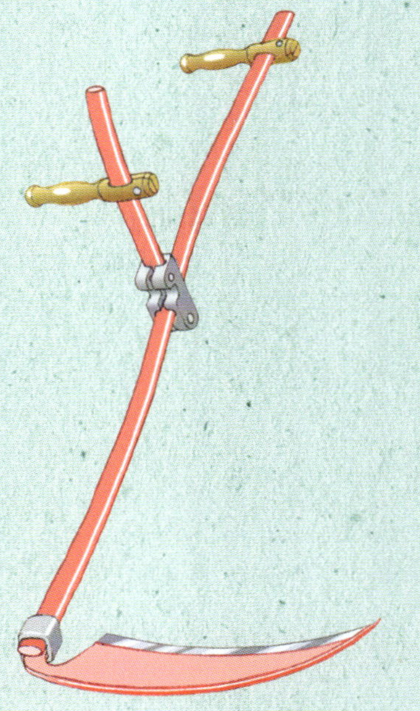

SENSE

Für Blumenwiesenbesitzer sind Sensen ein Muss, denn sie mähen Wiesen schonender als ein Rasenmäher. Zur Ausstattung gehören auch ein Schlagdengler und ein Schleifstein. Denn vor dem Mähen wird die Sense durch Dengeln geschärft, indem die Schneidkante platt geschlagen wird. Der feuchte Schleifstein kommt während des Mähens zum Einsatz, denn für ein sauberes Mähergebnis muss das Schneidblatt immer wieder nachgeschärft werden. Kleinsensen sind praktisch zur Mulchgewinnung und an Stellen, wo Sie mit Mäher oder Sense nicht gut arbeiten können.

LÖWENZAHNSTECHER

Mit dem Löwenzahnstecher können Sie nicht nur dem Löwenzahn zu Leibe rücken. Auch andere Tief- und Pfahlwurzler wie Acker-Kratzdistel und Sauerampfer lassen sich damit aus Rasen, Blumenwiesen und Beeten befördern. Es gibt auch rückenschonende Modelle mit langem Griff und Drehmechanismus.

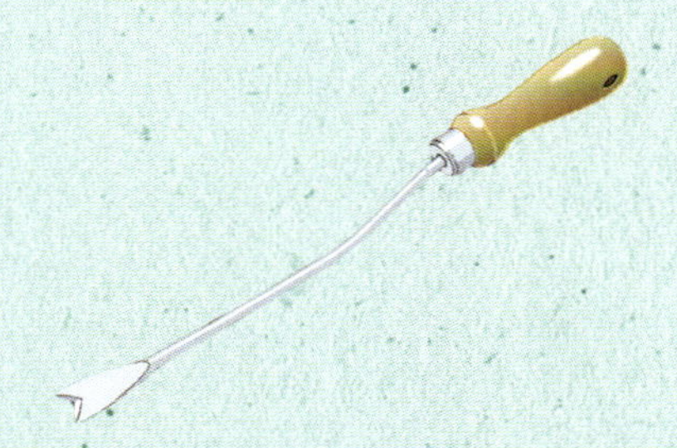

GARTENSCHERE

Tragen Sie Ihre kleine Gartenschere immer bei sich, wenn Sie im Garten unterwegs sind. Denn mit dem vielseitigen Werkzeug lassen sich Pflanzen stutzen und zu Mulch zerkleinern, Verblühtes und kranke Pflanzenteile entfernen. Beim Rückschnitt von Stauden, Gräsern und Gehölzen und bei der Ernte von Schnittblumen, Gemüse und Kräutern ist sie unentbehrlich. Reinigen Sie die Schere nach ihrem Einsatz und ölen Sie sie ab und an. Amboss-Scheren und größere Astscheren knacken auch schon mal einen dickeren Ast.

Gesunde Pflanzen

Wählen Sie immer die Pflanzen, die zu den Standortbedingungen Ihres Gartens passen. Egal ob Gemüsejungpflanze, Staudentöpfchen oder Gehölz: Schauen Sie sich die Pflanzen vor dem Kauf genau an. Kranke Blätter und Schäden am Stamm zeugen von schlechter Qualität. Moose auf Topfpflanzen sind ein Zeichen dafür, dass die Pflanzen schon sehr lange im Topf standen und bereits Drehwurzeln gebildet haben. Solche Pflanzen sind kaum mehr in der Lage, sich mit normalen Wurzeln im Boden zu verankern. Sie werden immer höchst pflegeintensiv sein und im schlimmsten Fall auch anfällig für Krankheiten und Schaderreger sein.

UNSER HELD: DER ACKER-SCHACHTELHALM

Bei aller guten Pflege und bestem Standort gibt es dennoch Pflanzen, die empfindlich bleiben, etwa bestimmte Rosensorten, die mit Echtem Mehltau und Sternrußtau geplagt sind, oder Tomaten, die sich jedes Jahr die Kraut- und Braunfäule einfangen. Stärken Sie die Widerstandskraft dieser Pflanzen mit Pflanzenstärkungsmitteln. Die gibt es im Gartenfachhandel oder Sie können selbst eines aus Acker-Schachtelhalm herstellen.

Der Acker-Schachtelhalm gilt als ein sehr hartnäckiges Unkraut. Doch ist er auch reich an Kieselsäure, die sein Pflanzengewebe festigt und so weniger angreifbar für Pilzkrankheiten macht. In einer Brühe wird die Kieselsäure gelöst und kann von den behandelten Pflanzen aufgenommen werden. Die bekommen dann selbst ein festeres Pflanzengewebe und werden widerstandsfähiger. Für den stärkenden Trank werden 1 kg frischer und zerkleinerter oder 150 g getrockneter Acker-Schachtelhalm für 24 Stunden in 10 l kaltem Wasser eingeweicht. Bringen Sie den Ansatz am nächsten Tag zum Kochen und lassen Sie ihn für 30 Minuten auf niedriger Stufe köcheln. Sobald die Brühe abgekühlt ist, wird sie abgeseiht und 1 : 5 mit Wasser verdünnt. Die Behandlung beginnt bei bekannt empfindlichen Pflanzen mit dem Austrieb und wird alle zwei bis drei Wochen wiederholt.

KLEINE HELFER

In einem Naturgarten siedeln sich nützliche Tiere meist von selbst an. Wenn Sie ihnen noch Unterschlupf und Futterquellen anbieten, brauchen Sie sich um gefräßige Blattläuse, Raupen und Schnecken keine Sorgen mehr zu machen.

Sie können Ihre kleinen Helfer manchmal sogar bei der Jagd beobachten. Am einfachsten sind die verschiedenen Marienkäferarten zu entdecken. Sie und ihre blauschwarzen Larven ernähren sich hauptsächlich von Blattläusen. Die Larven von Schwebfliegen saugen

Ohrwurmheim

Hängen Sie für die nachtaktiven Ohrwürmer ein gemütliches Tagesversteck auf, etwa einen umgedrehten, mit Stroh gefüllten Ton-Blumentopf. Wichtig ist, dass er Kontakt zum Baumstamm hat, damit die Insekten hineinspazieren können. Nachts gehen sie dann auf Jagd nach Blattläusen und anderen Insekten. Bewohnte Ohrwurm-Töpfe können Sie auch auf Pflanzstäbe in die Nähe blattlausbesiedelter Pflanzen stellen.

Marienkäfer vertilgen in ihrem Leben mehrere tausend Blattläuse, Spinnmilben und andere Pflanzenschädlinge. Schon als Larven sind sie unersättlich.

Blattläuse aus. Florfliegenlarven laben sich nicht nur an Blattläusen, sondern auch an Spinnmilben, Schild- und Blutläusen. Übrigens fliegen die erwachsenen Schwebfliegen, Florfliegen und Schlupfwespen auf Doldenblütler wie Dill, Fenchel und Wilde Möhre. Spinnen fangen in ihren Netzen Schmetterlinge, Fliegen, Käfer, Raupen, Wanzen und Läuse. Amseln, Meisen und andere Singvögel sammeln eifrig Raupen, Schnecken, Blattläuse und Käfer für ihre Jungen.

Unscheinbarer sind die zarten Blumen- und Weichwanzen, die Insekten und Milben jagen. Die mikroskopisch kleinen, rötlichen Raubmilben können Sie nur mit der Lupe in Spinnmilbenkolonien entdecken. Laufkäfer und ihre Larven sind nachts unterwegs und legen sich auch mit größeren Insekten wie Kartoffelkäfern, Raupen, Drahtwürmern und sogar Schnecken an. Ebenfalls eher nachts auf Beutezug sind Kröten, Frösche und Blindschleichen, die Nacktschnecken, Würmer, Asseln und Insekten auf ihrem Speiseplan haben. Igel und Spitzmaus futtern Insekten, Schnecken und Würmer. Auch Fledermäuse sind eifrige Insektenfresser.

Der Acker-Schachtelhalm ist eine Zeigerpflanze für staunassen, meist verdichteten Boden. Man kann aus ihm eine pflanzenstärkende Brühe zubereiten.

NÜTZLINGE BESTELLEN

Einige nützliche Insekten und Nematoden können Sie sich auch per Post nach Hause liefern lassen, etwa die Blattlausjäger Siebenpunkt-Marienkäfer, Florfliegen und Schlupfwespen. Nematoden bekämpfen zuverlässig im Boden lebende Schädlinge wie Gartenlaubkäfer, Dickmaulrüssler, Maulwurfsgrillen und Wiesenschnaken. Bestellen Sie die Nützlinge schon bei den allerersten Anzeichen eines Befalls.

Schädlinge austricksen

Gemüsefliegen, Schnecken und andere Schädlinge folgen ihren ureigenen Instinkten. Machen Sie sich dieses Wissen eiskalt zu Nutze, wenn es darum geht, die Maden von Möhren, Zwiebeln und Radieschen fernzuhalten oder die Population von Fruchtwicklern und Kirschfruchtfliegen unter Kontrolle zu halten.

MIT LEIM FANGEN

Kirschfruchtfliegen bleiben an gelben Leimtafeln kleben, die spätestens dann im Kirschbaum aufgehängt werden, wenn sich die Kirschen von Grün nach Gelb färben. Nehmen Sie die Tafeln wieder ab, sobald die Kirschen rot sind, damit sich keine anderen Insekten daran verfangen.

Eingenetzt: Das grobmaschige Netz schützt den Rosenkohl vor Vogelfraß, das feinmaschige Netz den Sellerie vor der Möhrenfliege.

Apfel- und Pflaumenwicklermännchen werden von den betörenden Sexualpheromonen der Weibchen in die Obstmadenfallen gelockt. Und die Weibchen gehen leer aus. Legen Sie über diese Pheromonfallen ein wenig Kaninchendraht, denn manch kleiner Singvogel ist schon in der nicht für ihn bestimmten klebrigen Falle stecken geblieben. Die Pheromonfallen können einen Befall nur minimieren, aber nicht komplett ausschließen. Sie sind vor allem dafür gedacht, den richtigen Bekämpfungszeitpunkt zu finden. Bei den Frostspannern hat man es dagegen auf die flügellosen Weibchen abgesehen. Ein breiter klebriger Leimstreifen oder Leimring am Baumstamm hält sie im Oktober auf ihrem Weg zum Rendezvous in der Baumkrone auf. Und die Knospen und frischen Blätter von Kirsche und anderen Obstbäumen sind im zeitigen Frühjahr sicher vor dem hungrigen Raupennachwuchs.

KOHLWEISSLING & CO. AUSSPERREN

Legen Sie gleich nach dem Pflanzen Kulturschutznetze über die Beete. Dann können Kohlweißlinge und andere Schmetterlinge ihre Eier nicht auf dem Kohl ablegen. Aber auch die gefürchteten Gemüsefliegen und Lauchmotten kommen nicht durch die feinen Maschen der Netze. Damit sich die Gemüsefliegen nicht schon unter dem Netz in der Erde befinden, werden die gefährdeten Gemüse Möhren, Radieschen, Zwiebeln und Lauch jedes Jahr auf ein anderes Beet gesetzt. Befestigen Sie die Netze gut an den Rändern, damit die Insekten nicht durch Lücken schlüpfen können. Legen Sie die Netze etwas lockerer über hohe Gemüsekulturen wie Kopfkohl, Grünkohl, Rosenkohl und Lauch, damit sie ohne Platzangst wachsen können.

Ein Schneckenzaun sperrt die gefräßigen Schnecken aus. Es gibt verschiedene Modelle und Materialien, alle haben einen nach außen zeigenden, spitzen Winkel, den die Schnecken nicht überwinden können. Bevor Sie Pflanzen ins eingezäunte Karree setzen, suchen Sie es noch einmal gründlich nach Schnecken und Schneckeneiern ab. Kleine Schneckenkragen schützen Einzelpflanzen wie Kürbis- und Zucchini-Setzlinge, bis sie aus dem Gröbsten raus sind und Schnecken sie nicht mehr attraktiv finden.

WELLPAPPEGÜRTEL

Ein wenig kurios ist das Verhalten der Wicklerlarven im Sommer. Ende Juni und Ende August verlassen die Larven Äpfel und Pflaumen und suchen sich ein Versteck zum Verpuppen. Das finden sie normalerweise unter den losen Borkenstücken am Baumstamm. Doch scheint ein um den Stamm gewickelter Wellpappegürtel viel gemütlicher zu sein und die Räupchen ziehen lieber dort ein. Sobald das Wellpappe-Hotel voll ist, wird es abgenommen, entsorgt und ein neues aufgehängt.

Bio-Pflanzenschutz

Blattlauskolonien, weiße Mehltauflecken und große Fraßlöcher in den Blättern – manchmal kann man einfach nicht mehr wegschauen. Greifen Sie erst einmal zur Schere und schneiden Sie von Blattläusen besiedelte und pilzkranke Triebe weg. Sammeln Sie Schnecken, Raupen und Käfer von löchrigen Pflanzen ab. Der Schnecken können Sie nur abends oder morgens habhaft werden. Ein ausgelegtes Holzbrett unterstützt Sie dabei, denn es ist ein prima Versteck für die feuchtigkeitsliebenden Schnecken.

Pflanzenschutzmittel sollten immer der letzte Ausweg sein, um eine Pflanze zu retten. Bio-Präparate sind auch im ökologischen Anbau zugelassen. Lassen Sie sich vor dem Kauf im Gartenfachhandel beraten, das ist Pflicht in Deutschland! Führen Sie Sprühanwendungen an einem bedeckten, möglichst windstillen Tag durch. Sprühen Sie so viel, dass nicht nur die Blattober-, sondern auch die Blattunterseite gut benetzt sind. Folgen Sie unbedingt der Gebrauchsanleitung und halten Sie sich auch an die empfohlene Wartezeit. Das ist die Dauer, in der das Pflanzenschutzmittel abgebaut wird. Erst danach können Sie die Lebensmittel unbedenklich ernten und essen. Halten Sie Pflanzenschutzmittel und behandelte Pflanzen außerhalb der Reichweite von Kindern und Haustieren.

GEGEN INSEKTEN

Gegen Blattlaus, Raupe und andere Insekten können Mittel auf Rapsöl- und Kaliseifebasis angewendet werden. Sie verkleben die Atemöffnungen der Insekten. Jedoch sterben daran

nicht nur die schädlichen Insekten, sondern leider auch nützliche. Schauen Sie darum vor der Anwendung nach, ob sich nicht schon Florfliegen-, Schwebfliegen- oder Marienkäferlarven eingefunden haben. Rapsöl wird auch zur Austriebsspritzung im zeitigen Frühjahr eingesetzt. Pyrethrin ist ein Kontaktgift, das die Insekten tödlich lähmt. Es ist breitenwirksam und auch für nützliche Insekten tödlich. Nützlingsschonende Neem-Produkte wirken fraßhemmend, abschreckend und greifen in den Hormonhaushalt der Insekten ein.
Gegen Schmetterlingslarven von Kohlweißling, Kohleule, Frostspanner, Apfelwickler und Pflaumenwickler helfen Bacillus-thuringiensis-Präparate und Granuloseviren. Den richtigen Einsatzzeitpunkt können Sie mit Blattkontrollen auf Eigelege und mit Pheromonfallen feststellen.

GEGEN PILZE

Pilzkrankheiten sind nur schwer zu bekämpfen, wenn sie sich bereits auf den Pflanzen etabliert haben. Nur gesunde Pflanzen bzw. Blätter sprechen auf die Behandlung an, denn die verfügbaren Fungizide können nur einem Befall vorbeugen, nicht aber bekämpfen. Entfernen Sie vor der Anwendung kranke Blätter und Pflanzen und handeln Sie bereits bei den ersten Krankheitssymptomen. Behandeln Sie bekannt empfindliche Pflanzen bzw. Sorten bereits vorbeugend vor den ersten Symptomen.
Netzschwefel wirkt gegen Apfelschorf und Echte Mehltaupilze. Er bildet eine Art Schutzfilm, der die Pilze daran hindern soll, in die Blätter einzudringen. Schwefel hat auch eine Wirkung gegen Spinnmilben und Brombeergallmilben. In hohen Konzentrationen (320 g / l) schädigt Schwefel jedoch nützliche Raubwanzen, Marienkäfer und Raubmilben.
Kupfer hilft vorbeugend bei Falschem Mehltau, Apfelschorf und Kraut- und Braunfäule. Sein Einsatz ist im ökologischen Landbau jedoch umstritten, denn Kupfer reichert sich bei häufiger Anwendung im Boden an und kann dort das Bodenleben stören.
Ein Hausmittel gegen Echten Mehltau im Anfangsstadium ist abgekühlter, unverdünnter Knoblauchtee. Er wird aus 10 g klein geschnittenem Knoblauch und 1 l kochendem Wasser hergestellt.

Wildschäden vorbeugen

Wenn Hasen und Kaninchen im Winter hungrig sind, trauen sie sich sogar in Gärten und nagen an den Stämmen von Obst- und Ziergehölzen. Maschendrahtgeflecht um die Stämme hält sie davon ab. Geben Sie Ersatzfutter, das die Tiere ablenkt, etwa Zweige vom Winterschnitt. Freche Rehe knabbern im Frühjahr Knospen und junge Triebe an. Mit Wildvergrämungsmitteln können Sie sie fernhalten.

Ein Schneckenzaun mit nach außen abgewinkelten Blechen schützt die Pflanzen vor den gefräßigen Schnecken. Er ist zwar teuer, aber wirksam.

GEGEN SCHNECKEN

Bio-Schneckenkorn auf Eisen-III-Phosphat-Basis ist schnell abbaubar und nicht schädlich für andere Tiere. Streuen Sie es flächig auf gefährdete Beete, nicht in Häufchen. Die Wirkung setzt spät ein, sodass sich die Schnecken zum Sterben zurückziehen können.

IM
WANDEL DER
JAHRES-
ZEITEN

Wenn Sie aufmerksam durch Ihr grünes Reich streifen und wahrnehmen, wie sich der Garten und seine Bewohner im Lauf einer Jahreszeit, im Jahresverlauf oder sogar über die Jahre verändern, wird das Beobachten zu Ihrer zweiten Natur werden.

Kehren die Schwalben zurück, dann ist Frühling, so sagt man. Und da ist etwas dran. Achten Sie mal auf die Zeichen der Natur. Denn die plaudert einiges über das Wetter und die Jahreszeiten aus. Vor allem im Frühling zeigt sie uns, wie es um das Wetter der nächsten Tage steht. So kündet die Forsythienblüte davon, dass keine tiefen Fröste mehr zu erwarten sind und die Rosen geschnitten werden können. Solche und andere Beobachtungen sind im phänologischen Kalender festgehalten. Aber auch das Wahrnehmen ohne Hintersinn, das Lernen von Lebenszyklen, das Entdecken und Nachspüren der Veilchen und anderer Wanderer, die munter im Garten umherziehen, gehört zum Beobachtungssinn des Naturgärtners. Auf den folgenden Seiten finden Sie nicht nur die Jahreszeiten-Highlights, die Sie in Ihrem Garten entdecken können, sondern auch wie und wo Sie ein Natur-Kinderzimmer einrichten können.

Im Rhythmus der Natur

Die 13 Jahreszeiten des phänologischen Kalenders sind in den letzten Jahren wieder mehr in den Fokus der Naturgärtner gerückt. Die weithin bekannten vier Jahreszeiten Frühling, Sommer, Herbst und Winter werden noch einmal in Phasen unterteilt: Vorfrühling, Erstfrühling, Vollfrühling, Frühsommer, Hochsommer, Spätsommer, Frühherbst, Vollherbst, Spätherbst und Winter. Indikatoren für den Beginn oder das Ende einer Phase sind einige Zugvögel, aber auch bestimmte Leitpflanzen, die zu dieser Zeit blühen, austreiben oder reif werden.

Der phänologische Kalender gibt den Frühlingsbeginn viel genauer an als der kalendarische oder meteorologische Frühlingsanfang. Und das regional, wenn nicht sogar lokal genau. Die Apfelblüte beispielsweise, der Beginn des Vollfrühlings, beginnt in den verschiedenen Regionen Deutschlands nicht zur selben Zeit, sondern wandert von Süden nach Norden über teils mehrere Wochen.

Im Lauf der Zeit haben sich bestimmte Gartenarbeiten herauskristallisiert, die sich am phänologischen Kalender orientieren sollten. Vor allem im Frühling ist es wichtig zu wis-

← Die Zaubernuss entrollt ihre gelben, orangefarbenen oder roten Blütenblätter in der kalten Jahreszeit und lässt sich auch von ein paar Schneeflocken nicht aufhalten. Setzen Sie Winterblüher als Blickfang im Garten ein.

Tagpfauenauge und Kleiner Fuchs sind Sommerboten par excellence. Pflanzen Sie darum Stauden und Gehölze, die im Sommer und vor allem auch im Spätsommer blühen, damit Schmetterlinge und andere Insekten ausreichend Nahrung finden. →

sen, ob noch mit Frösten zu rechnen ist. Und da helfen Forsythien, Rosskastanien und Apfel. Versuchen Sie, die phänologischen Leitpflanzen in Ihren Garten zu integrieren bzw. finden Sie heraus, wo sie in Ihrer Gegend wachsen. Eine Übersicht über die einzelnen Jahreszeiten und deren **Leitpflanzen** finden Sie im Service auf Seite 150.

Frühlingsgefühle

Nach der langen, doch eher grauen Winterzeit freue ich mich, wenn im Frühling die Knospen immer dicker werden und irgendwann die ersten grünen Blättchen spitzen und Schneeglöckchen, Winterlinge und Krokusse ihre Blüten öffnen. Die zarten Vorfrühlingsblüher lassen sich auch vom Schnee nicht einschüchtern. Und schon ein bisschen sommerlich wird mir zumute, wenn ganz unerwartet Zitronenfalter, Admirale und Tagpfauenaugen durch den Garten taumeln. Diese Schmetterlinge verbringen den Winter in Baumhöhlen, Schuppen oder in Rindenspalten und sind deshalb schon so früh unterwegs. Sie und die laut brummenden Hummeln brauchen jetzt süßen Blütennektar, um sich zu stärken. Den finden die Insekten in Krokussen und den Blüten von Kornelkirsche und Mahonie. Diese beiden sind gelb blühende, nektarreiche Alternativen für die ebenfalls frühblühende Forsythie, deren Blüten aber weder Pollen noch Nektar enthalten. Die Obstbaumblüte erwarte ich gespannt und hoffe, dass keine Spätfröste die Erntefreuden dämpfen: Als erstes blühen die Johannis- und Stachelbeeren, dann Pfirsiche und Aprikosen, Kirschen, Pflaumen und Birnen. Recht spät im Frühling öffnen sich die Apfel- und Himbeerblüten. Und vollends Frühling ist es, wenn die Froschmänner ab Mai allabendlich ihr Teichkonzert geben, um ihre Liebsten auf sich aufmerksam zu machen.

ALLE VÖGLEIN SIND SCHON DA

Bei den Singvögeln herrscht jetzt hektische Betriebsamkeit. Kohlmeisen und Blaumeisen, Rotkehlchen, Heckenbraunellen und Amseln singen lauter und abwechslungsreicher als im Winter. Mit dem Gesang sind sie nicht nur auf Brautschau, sondern stecken auch ihre Reviere gegen Rivalen ab. Stare, Lerchen und Schwalben kehren aus dem Winterurlaub im Süden zurück. Die letzten Zugvögel sind erst im Mai wieder da: Kuckuck, Neuntöter und Pirol. Meisen, Amseln und Co., die den Winter hier verbracht haben, haben einen deutlichen zeitlichen Vorsprung vor den Zugvögeln. Denn während die erst mit dem Nestbau beginnen, machen die Meisen- und Amselkinder schon die ersten Flugübungen.

DICKE BRUMMER

Wenn uns das Wetter Ende Februar schon sonnig warme Tage beschert, werden auch die ersten Hummelköniginnen munter und brummen in Bodennähe durch den Garten. Sie sind dann auf der Suche nach Blütennahrung und einem Platz, wo sie ihr Volk neu aufbauen können, zum Beispiel in verlassenen Mäusenestern, Hohlräumen im Brennholzstand und in ähnlichen natürlichen Nistgelegenheiten. Nicht alle Hummelköniginnen werden auf einmal munter, sodass bis in den April hinein immer mal wieder dicke Hummeln suchend

Im noch laublosen Vorfrühling setzen Krokusse, Winterlinge und Schneeglöckchen leuchtende Farbtupfer unter Bäume und Sträucher. Von Jahr zu Jahr werden es immer mehr Blüten, wenn Sie die zarten Frühlingsblüher dort verwildern lassen.

unterwegs sind. Stören Sie die Hummeln dann nicht, denn die Nistplatzsuche ist sehr energieaufwendig. Mit besonders früh blühenden pollen- und nektarreichen Pflanzen können Sie die hungrigen Frühaufsteher unterstützen, zum Beispiel mit Mahonie, Christrose, Küchenschelle, Krokus, Lerchensporn, Immergrün und Roter Taubnessel.

An kühlen März- oder Apriltagen sieht man manchmal kältestarre Hummeln. Lassen Sie sie in Ruhe, wenn sie sich auf Blüten ausruhen oder sie mit Pollenstaub bepudert sind. Solche Hummeln haben meist schon ein Nest gegründet und sammeln Nahrung für ihre Larven, die künftigen Arbeiterinnen. Sitzen die Hummeln stattdessen auf dem Boden, sind sie erschöpft von der Nestsuche. Setzen Sie die Tiere dann vorsichtig auf ein Stück Pappe und geben Sie ihnen ein paar Tropfen Zuckerwasser.

Kein Rückschnitt

Zwischen dem 1. März und dem 30. September ist Vogelbrutzeit und Hecken und Bäume dürfen zum Schutz der Vögel nicht radikal zurückgeschnitten werden. Denn Elternvögel lassen ihre Nestlinge im Stich, wenn sie während des Brütens gestört werden. Leichte Korrekturen an Hecken können Sie jedoch durchführen, wenn keine Nester in der Nähe sind.

GÄRTNERN MIT FRÜHLINGSBLÜTEN

Die milden Temperaturen ziehen auch uns Gärtner voller Tatendrang ins Freie. Lassen Sie sich bei den ersten Arbeiten von den Frühjahrsblüten leiten: Blühen die Haselsträucher, können Sie die trockenen Stängel von Stauden und Gräsern zurückschneiden. Legen Sie sie auf einen Haufen beiseite, bevor Sie die Reste auf den Kompost bringen. Dann können überwinternde Insekten noch herauskriechen. Nehmen Sie bei der Gelegenheit auch den Laubmulch aus den Beeten. Im Winter hat er die Stauden gut geschützt, doch jetzt könnte das feuchte Laub die zarten Austriebe ersticken. Bereiten Sie jetzt auch schon die Gemüsebeete mit Kompost und Stallmist vor.

Spinat, Feldsalat, Grünkohl und Rosenkohl stehen noch tapfer in den Gemüsebeeten und bringen die erste Ernte des Jahres. Auch wenn es draußen noch zu kalt für eine Aussaat ist, können Fruchtgemüse wie Paprika, Chili, Auberginen und Tomaten schon auf der warmen Fensterbank vorgezogen werden.
Sobald die Forsythien blühen, ist mit strengeren Frösten nicht mehr zu rechnen. Rosen bekommen einen Rückschnitt, bei dem auch alles Zurückgefrorene entfernt wird. Dem wintergeplagten Rasen werden die ersten Pflegeeinheiten spendiert: Rechen Sie die braunen Grashalme ab und streuen Sie Rasendünger. Gut drei Wochen später ist er so erholt, dass er das erste Mal gemäht werden kann. Stauden und Gehölze werden mit dem reifen Kompost vom letzten Jahr gedüngt. Und halten Sie auch schon Ausschau nach Schnecken und sammeln Sie sie ab. Die ersten Salate, Kohlrabis und Radieschen können ins Frühbeet gesät werden. Dicken Bohnen, Pastinaken und Schwarzwurzeln macht der kalte Boden nichts aus, sie werden direkt ins Beet gesät. Je eher, desto besser. Sobald es etwas wärmer wird, sprießen auch die Wildkräuter für die Frühjahrskur: Giersch und Vogelmiere, Brennnessel und Löwenzahn, Schafgarbe und Taubnessel. Kälteempfindliche Pflanzen wie Dahlien und Gladiolen bleiben noch so lange im Haus, bis die Äpfel blühen.

Hummelkönigin sucht Burg

Im Frühjahr suchen Hummelköniginnen nach einem Nistplatz. Sind keine natürlichen Höhlen im Angebot, nehmen einige Arten auch künstliche Hummelburgen an. Die bestehen aus Vor- und Hauptkammer, wobei letztere mindestens 40 × 40 cm messen sollte, denn schließlich soll hier ein ganzes Hummelvolk wohnen. Stellen Sie das Hummelheim mit dem Einflugloch in Richtung Osten an einem geschützten, trockenen Platz auf, etwa auf der Terrasse.

Sommerlaune

Lange Tage, kurze Nächte – im Sommer kommen Gärtner ganz auf ihre Kosten, denn sie können den Feierabend ohne Bibbern im Freien verbringen und bis in die späten Abendstunden gärtnern. Mittlerweile ist so viel los im Garten, dass man gar nicht mehr von Highlights sprechen kann wie im Frühling, denn allerorten blüht und grünt es, zirpt, tschiept, raschelt und summt es. Nach ihrem langen Winterschlaf sind endlich auch die Siebenschläfer wach. Des Nachts ziehen sie in Familientrupps durch die Bäume und Sträucher und futtern Insekten, Früchte und Samen. Zaunkönig, Meise und Amsel brüten schon das zweite oder sogar dritte Mal. Im Juli schlüpfen die Libellen, und die Kaulquappen werden zu klei-

Die Augustäpfel werden reif und wollen schnell zu Kuchen, Apfelmus und Kompott verarbeitet werden. Auch die Zucchini tragen jetzt in Massen. Jedenfalls genügend, um Freunde und Nachbarn damit zu beschenken.

nen Fröschlein, die nun das Leben im Wasser aufgeben und auf Wanderschaft an Land gehen. Mauersegler, Turteltaube und Schwarzmilan brechen ihre Zelte in unseren Breiten schon wieder ab und ziehen gen Süden. Die Nachtigall folgt Mitte August. Dann sind auch die Disteln heiß umlagert: Schmetterlingsraupen von Admiral und Distelfalter futtern an den Blättern, während sich an den Samenständen die papageienbunten Distelfinken verköstigen. Einige Singvögel beenden das Brutgeschäft und stellen ihre Ernährung von proteinreicher Insektenkost auf kohlenhydratreiche Beerenkost um: Amseln und Drosseln haben es auf die roten Früchte der Ebereschen und auch auf Kirschen abgesehen. Hausrotschwanz und Mönchsgrasmücke mögen lieber die schwarzen Holunderbeeren.

MORGENDLICHES WECKKONZERT

Während der Brutzeit von Frühlingsbeginn bis etwa Ende Juli geben Singvögel jeden Tag ein Konzert. Vor allem kurz vor Sonnenaufgang singen sie vielstimmig und besonders laut. Und da jeder Vogelsänger zu einer bestimmten Zeit vor Sonnenaufgang zu singen beginnt, kann man die Uhrzeit erraten, zu der man eben lautstark geweckt wurde. Im Juni und Juli geht die Sonne zwischen fünf und halb sechs Uhr auf. Lange vorher – eigentlich noch mitten in der Nacht – singen die Nachtigallen ihr wehmütiges Lied. Knapp eine Stunde vor Sonnenaufgang, wenn es noch nachtdunkel ist, trällern Hausrotschwanz und Gartenrotschwanz. Ungefähr eine Viertelstunde später bringen Amseln, Singdrosseln, Mönchsgrasmücken, Rotkehlchen und Zaunkönig ihren mehrstimmigen Gesangsbeitrag. Noch einmal 15 Minuten später trällern Kohlmeise, Blaumeise und Zilpzalp. Weitere

Rotkehlchen und andere Singvögel sind jetzt dauernd unterwegs, um Futter für den Nachwuchs zu sammeln. Dabei erbeuten sie allerlei Raupen, Käfer und andere Insekten und schützen so unsere Gartenpflanzen vor Unbill.

Wenn sich Libellen wie die Gemeine Becherjungfer paaren, ist das ein nahezu artistisches Schauspiel. Denn Männchen und Weibchen bilden dabei ein recht komplexes herzförmiges Paarungsrad.

15 Minuten später setzen Stare, Grünfinken und Distelfinken ein. Und kurz vor Sonnenaufgang übernehmen die Buchfinken die letzte Strophe.

ES WIRD DURCHGEBLÜHT

Die meisten Blütengehölze und Stauden verpulvern ihr Blütenfeuerwerk im Mai, Juni und Juli. Danach lassen sich in den Staudenrabatten kaum noch Blüten sehen. Dabei sind gerade im August und September die Insektenvölker auf ihrem Höhepunkt – und finden dann keinen Pollen oder Nektar mehr. Pflanzen Sie darum auch gezielt Langzeitblüher wie Gelben Lerchensporn, Wiesen-Storchschnabel, Tauben-Skabiose, Färber-Hundskamille, Spornblume, Wasserdost, Schafgarbe, Sonnenbraut, Dost, Rainfarn und Goldgarbe, Herzgespann, Moschus-Malve, Seifenkraut und Blut-Weiderich. Ein Rückschnitt nach der Blüte bringt bei einigen Arten noch eine zweite, wenn auch schwächere Blüte im Spätsommer: Katzenminze, Phlox, Sterndolde und Steppen-Salbei. Ausgesprochene Spätsommerblüher sind Berg-Astern, Stauden-Sonnenblumen und Taglilien.

GÄRTNERN IM RHYTHMUS DER SOMMERPFLANZEN

Zur Zeit der Holunderblüte werden die **Fett- und Magerwiesen** gemäht Seite 21. Starkzehrende Stauden und Gemüse bekommen Nährstoffnachschub mit verdünnter **Pflanzenjauche** Seite 121 oder einem Volldünger. Schneiden Sie formierte Hecken und stutzen Sie zu ausladend wachsende Gehölze in der frei wachsenden Hecke. Säen Sie jetzt zweijährige Arten wie Fingerhut und Königskerze, damit sie im kommenden Jahr blühen.

Werden die Roten Johannisbeeren reif, ist Hochsommer. Jetzt werden im Gemüsebeet die ersten Tomaten und Gurken geerntet und demnächst ist wohl mit einer Zucchini-Schwemme zu rechnen. Die Kürbisverwandten können gedünstet und eingefroren oder roh in dünne Scheiben geschnitten getrocknet werden. Beliebte Sattmachergerichte, mit dem Potenzial viele Zucchini zu verbrauchen, sind Zucchini-Puffer, gefüllte Zucchini und kalte Zucchini-Suppe.

Auf anderen Beeten ist die erste Gemüseernte schon durch und hat Lücken hinterlassen. Die können Sie nun mit vorgezogenen Setzlingen von Salat, Kohlrabi und Endivien füllen. Sommer- und Ganzjahres-Radieschen werden direkt gesät. Oder Sie bringen **Gründüngerpflanzen** auf bereits komplett abgeerntete Beete aus Seite 122. Beerensträucher können Sie gleich nach der Ernte zurückschneiden, dann brauchen Sie es im Winter nicht mehr machen. Mähen Sie die Fettwiesen ein zweites Mal, wenn die Klaräpfel reif werden. Starkzehrer können jetzt meist einen zweiten Nährstoffnachschub gut gebrauchen. Herbst- und Wintergemüse wie Kopfkohl, Grün- und Rosenkohl werden nun gepflanzt. Wässern Sie Gemüsebeete, Beerensträucher und im Frühling gepflanzte Gehölze an heißen, trockenen Sommertagen durchdringend. Bringen Sie jetzt auch noch einmal den Kompost auf Trab und setzen Sie ihn um. Das setzt die Rotte wieder in Gang und Sie können im Frühling Dünger „ernten".

An heißen Tagen nehmen Algen im Teich überhand. Fischen Sie sie ab und lassen Sie das Grünzeug vorerst neben dem Teich liegen, damit Teichtiere zurückwandern können. Danach können die Algen auf den Kompost oder man verwendet sie zum Mulchen.

KINDERZIMMER IM FREIEN: EIN ABENTEUERSPIELPLATZ

Ein Garten muss für Kinder nicht perfekt sein. Ganz im Gegenteil: Perfektion und fertige Elemente sind furchtbar langweilig. Viel spannender ist es, wenn sich Spielplätze verändern und mit den Kindern mitwachsen können. Denn nichts ist schöner, als etwas aufzubauen, zu zerstören und aus den Resten etwas Neues zu erschaffen. Solche veränderbaren Bereiche sind zum Beispiel Matschbaustellen, eine improvisierte Bastelwerkstatt in einer abgeschiedenen Ecke oder ein Raum zum Chillen hinter einem lebendigen Weidenzaun.

Erinnern Sie sich noch an die Sandburgen, die Sie als Kind gebaut haben? Aus Sand und Matsch entstehen ganze Fantasiewelten: Märchenschlösser und Ritterburgen, Kuchenbäckereien und Tierparks. Planen Sie für den Sandspielplatz eine Fläche von mindestens 10 m² ein. Füllen Sie eine mit Dränageschotter ausgelegte Grube mit lehmigem Sand oder sogenanntem „schlecht sortierten" Sand, denn der lässt sich gut formen. Große, flache Steine dienen als Tische oder Sitzplätze. An heißen Tagen spendet ein Sonnensegel Schatten. Eine kleine Naschhecke gibt Sichtschutz. Wenn das Gras irgendwann vom Rand her in den Spielplatz wächst, sehen Sie es positiv: Es schafft einen natürlichen Übergang zum Garten. Kombinie-

Sicher schaukeln und klettern

Bringen Sie Schaukeln und Kletterseile an bruchsicheren Ästen an, die auch das Gewicht der Kinder gut halten. Setzen Sie dabei eher auf Kunststoffseile aus Polypropylen, denn die verrotten langsamer als Seile aus Hanffasern. Eine Gummimanschette schützt den Ast, damit seine Rinde bei der Schaukelei nicht aufgescheuert wird. Planen Sie auch einen größeren, freien Bereich vor und hinter der Schaukel zum Schwungholen ein.

Denken Sie rund und bauen Sie den Sandkasten mal nicht eckig wie alle anderen. Die abgerundete Form fügt sich viel besser in den Naturgarten ein. Große Steine, kleine Sträucher und Stauden grenzen den Spielbereich ab.

Im Naturgarten lernen Kinder spielend leicht den respektvollen Umgang mit den meist viel kleineren, tierischen Mitbewohnern. Da braucht es kein teures Spielgerät zum Ablenken, wenn es so viel zum Beobachten gibt.

ren Sie die Sandmulde mit einem Balancierpfad aus unterschiedlich hohen Rundhölzern oder liegenden Baumstämmen. Wenn die Kinder aus dem Sandkastenalter herausgewachsen sind, kann die Sandmulde zu einem Trockenbiotop umgewandelt und zur Kinderstube von Mauerbienen und Eidechsen werden.

Eine kleine Schottergrube und eine Matschbaustelle erweitern die Sandmulde. Für die Matschbaustelle reicht eine flache Grube, die bei Bedarf mit Wasser gefüllt wird. Ebenso spannend und zum Auspowern geeignet ist ein Platz, wo die Kinder nach Herzenslust ein Loch graben können. Dabei begegnen sie Regenwürmern und anderem Getier und können die Bodenschichtung erforschen.

Anstelle eines teuren, fertigen Klettergerüsts reichen den kleinen Wildfängen Obst- und andere Laubbäume zum Klettern. Zwischen zwei Bäumen können Sie kurz über dem Boden Balancierseile anbringen, auf denen der Gleichgewichtssinn geschult werden kann. Fußball, Federball und andere Ballspiele finden auf einer großen, freien Fläche mit strapazierfähigem Rasen statt. Gruppieren Sie um diesen Bereich am besten Hecken aus robusten Sträuchern, denen ein verschossener Ball nicht viel ausmacht.

Chillen im Weidentipi

Kinder möchten sich auch mal zurückziehen. Warum nicht in ein grünes Weidenzelt? Das kann man aus Weidenruten in verschiedenen Längen und Stärken gut selbst bauen. Stecken Sie die Ruten etwa 50 cm tief in den Boden und wässern Sie sie gut. Die Weiden bewurzeln dann und treiben aus. Die jungen, noch biegsamen Triebe werden miteinander verflochten und so wird das Zelt grün und blickdicht. Geeignete Weidenarten sind Korb-Weide, Mandel-Weide, Purpur-Weide, Reif-Weide und Silber-Weide. Sie alle sind recht starkwüchsig und sollten regelmäßig gestutzt werden. So ein Weidentipi kann zwar frei im Garten stehen, schöner wirkt es jedoch, wenn es in vorhandene Strukturen eingebunden wird, etwa am Teich, an der Hecke oder sogar in eine Wildstrauchhecke.

KLEINE NATURFORSCHER

Jeder der im Buch beschriebenen Lebensräume bietet viel Entdeckerpotenzial, denn am Teich, in der Blumenwiese oder an der Trockensteinmauer lassen sich Pflanzen und Tiere beobachten, erforschen und studieren. Wecken Sie die Neugier und den Forschergeist Ihrer Kinder, indem Sie gemeinsam auf Entdeckungsreise gehen, gut gerüstet mit Naturführer und Lupenzange, oder indem Sie kleine Beobachtungsposten einrichten. Zum Beispiel am Uferbereich des Teichs, wo sich die Kinder auf große flache Steine setzen und den Libellen und Fröschen zuschauen können. Ein kleiner Steg führt trockenen Fußes in den Teich hinein. Ein Zaun schützt kleine Kinder davor, unbeabsichtigt ins Wasser zu fallen. Legen Sie Beobachter-Regeln fest: Die Tiere dürfen angeschaut, vorsichtig berührt und auch mal kurzzeitig gefangen werden, um sie genauer zu untersuchen. Sie dürfen aber nicht absichtlich verletzt oder gar getötet werden.

Und selbst im Winter wird es nicht langweilig: Seltsame Fußspuren im Schnee verraten so einiges über die tierischen Gartenbesucher und am Vogelhaus finden sich **Meisen, Spatzen und Co.** zur Mahlzeit ein Seite 146.

Herbstfeuer

Die kühleren Herbstnächte zünden ein Farbenfeuerwerk in der Pflanzenwelt. Schon vorher laufen Herbstblüher wie Aster, Chrysantheme, Herbst-Anemone, Rundblättrige Glockenblume, Herbst-Krokus und die krokusverwandte Herbst-Zeitlose zu Hochform auf und liefern wichtigen Treibstoff für Hummeln und andere Blütenbesucher. Auch der Efeu öffnet erst spät im Jahr seine nektarreichen Blüten und beglückt bis in den Dezember hinein Ameisen, Schwebfliegen, Wespen, Bienen, Schmetterlinge und Käfer. Frühherbst und Altweibersommer verbinden wir mit Spinnennetzen. Nicht ohne Grund, denn jetzt lassen sich die jungen Baldachinspinnen an Spinnfäden durch die Luft treiben.

Im September machen sich Rauchschwalben und auch andere Zugvögel auf den Weg gen Süden. Und hier in Mitteleuropa treffen im November die Wintergäste aus nördlicheren und östlicheren Gefilden ein: Birkenzeisig, Wintergoldhähnchen und Seidenschwanz. Marienkäfer zieht es nun in größeren Grup-

Das macht den Herbst so schön: Die Kupfer-Felsenbirne färbt sich in atemberaubendes Rot, Orange und Gelb.

pen in Mauerritzen, in Rollladenkästen und in Schuppen. Wespen, Hornissen und Hummeln sind im September noch hochaktiv, um dann plötzlich zu verschwinden. Nur die Königinnen überleben und gehen in den Winterkälteschlaf, um im kommenden Frühjahr ein neues Volk zu gründen.

BUNTES HERBSTLAUB – ERST SCHÖN, DANN NÜTZLICH

Der Grund, warum sich die Blätter im Herbst verfärben, ist nahezu banal. Eigentlich sind die Blätter das ganze Jahr über gelb, rot oder orange, doch erst im Herbst werden die Farben sichtbar. Denn dann bereiten sich die Laubgehölze auf den Winter vor und ziehen die Stoffe aus den Blättern ab, um sie in Stamm und Wurzeln bis zum Frühling zwischenzulagern. Diese Stoffe, vor allem das grüne Chlorophyll, machen dann Platz für die Farbe. Aber nur für kurze Zeit, denn bald darauf fallen die Blätter zu Boden.

Rechen Sie das Laub bald vom Rasen, denn die Gräser leiden unter dem Lichtmangel. Auf den Wegen ist Laub eine Rutschgefahr und im Teich würden sich zu viele Nährstoffe sammeln. Also runter oder raus damit. Sehen diese Aktion als kleines Workout und summen Sie ein Liedchen dabei (Achtung, Perspektivwechsel!). Fegen Sie das Laub entweder gleich auf Staudenbeete oder freie Gemüsebeete oder sammeln Sie es in lockeren Haufen, um die Beete später abzudecken. Denn solch eine Laubdecke schützt das Bodenleben und die Pflanzen vor starker Kälte.

IGEL BEREITEN SICH AUF DEN WINTER VOR

Im Herbst futtern sich Igel eine dicke Fettschicht an, um den Winter zu überstehen. Bis Mitte Oktober haben die Alttiere ihr Kampfgewicht erreicht, Jungtiere sind dann noch auf der Suche nach Insekten, Äpfeln und anderen Leckerbissen. Sie können mit Igeltrockenfutter oder Katzenfutter zufüttern. Ab Mitte November ist dann Schlafenszeit und die Stachelträger suchen einzeln ihre Winterquartiere in Erdmulden, unter dichten Hecken oder unter Reisighaufen auf. Sie können Igeln auch Höhlen anbieten, indem Sie beispielsweise einen ausgedienten großen Weidenkorb umdrehen, mit trockenem Laub und Haferstroh füllen, sodass nur noch eine kleine Höhle für den zusammengerollten Igel bleibt. Abgedeckt wird der Korb mit Reisig und Laub. Bauen Sie das Igelhaus an einem schattigen, geschützten Platz in der Nähe oder sogar unter einer Hecke auf, mit dem Eingang in Richtung Südosten. Während des Winterschlafs fahren die Tiere ihren Stoffwechsel auf ein Minimum herunter und verschlafen so im wahrsten Sinne des Wortes die kalte Jahreszeit. Erst im März oder im April werden die Tiere wieder munter.

Junge Igel, die im Spätherbst nach Futter suchen und gesund aussehen, können Sie ihrer Wege ziehen lassen. Nur deutlich unterernährte oder kranke Igel sollten Sie aufnehmen und in eine Igelstation bringen. Hier können Sie mit den Experten klären, ob und wie Sie das Stacheltier den Winter über versorgen können.

GÄRTNERN UNTER LEUCHTENDEN FARBEN

Im Frühherbst, wenn die Beeren des Schwarzen Holunders reif werden, können Sie Ihre Hecken schneiden. Mit dem unweigerlich anfallenden Strauchschnitt und dem bald kommenden Falllaub können Sie Hügelbeete, Hochbeete und **Lasagnebeete** Seite 117 bauen. Träumen Sie auch jetzt schon ein wenig vom Frühling und setzen Sie Tulpen, Narzissen und Co. in die Staudenbeete. Versenken Sie auch ein paar Zwiebelchen von verwildernden Ar-

An spätblühenden Herbst-Astern finden Schmetterlinge wie der Admiral, aber auch andere Insekten noch Nektar. Raublatt- und Glattblatt-Astern gibt es in verschiedenen Wuchshöhen und Blütenfarben.

Laub vom Rasen zu rechen, gehört im Herbst zu den regelmäßigen Arbeiten im Garten. Lassen Sie etwas Fallobst für die Igel und Singvögel liegen, die sich daran sattfuttern können.

ten wie Blausternchen, Krokus und Wildtulpen im Rasen. Am besten dort, wo es natürliche Übergänge gibt und wo Sie im Frühjahr das Gras so lange ungemäht lassen können, bis das Laub der Zwiebelpflanzen eingezogen ist.
Sammeln Sie als vorbeugende Pflanzenschutzmaßnahme fauliges Fallobst auf. Schneiden Sie die Stauden und Teichpflanzen im Herbst nicht herunter – aus zweierlei Gründen. Zum einen sehen die Stängel und Fruchtstände im Winter sehr malerisch aus, wenn sie von Frost überzogen oder von Schnee bedeckt sind. Allemal ein Foto wert! Zum anderen finden Vögel in den Samenständen noch energiereiche Kost und in den hohlen Halmen und unter dem Laub überwintern Insekten.
Wenn die Rosskastanien zu Boden fallen, beginnt die Pflanzzeit für Laubgehölze und Stauden. Sie wachsen in den kommenden Wochen noch gut an und können im Frühling durchstarten. Gießen Sie immergrüne Gehölze wie Buchs und Liguster durchdringend. So kommen sie gut über den Winter, denn ihre dauergrünen Blätter arbeiten auch im Winter weiter und brauchen Wasser, damit sie nicht vertrocknen. Jetzt ist auch mit ersten Frühfrösten zu rechnen. Räumen Sie daher empfindliche Kübelpflanzen ins Winterquartier und ernten Sie die letzten Tomaten, Zucchini und Gurken. Die sich spät färbenden Blätter der Stiel-Eiche zeigen an, dass sich das Gartenjahr nun dem Ende zuneigt. Leeren Sie die Regentonnen in den Teich oder in den Versickerungsbereich und stellen Sie das Wasser im Garten ab. Rosen werden mit Kompost oder Erde angehäufelt. Kaltkeimer wie Bärlauch, Schlüsselblume und Veilchen gesät.

Winterruhe

Wenn die Stiel-Eichen ihre Blätter verlieren und die letzten Äpfel geerntet wurden, beginnt die ruhige Winterzeit. Eine geschlossene Schneedecke gibt es in unseren Breiten meist erst im Januar, wenn überhaupt. Im frischen Schnee können Sie auf Spurensuche gehen und staunen, wer da so durch den Garten stromert: hüpfende Amseln, hoppelnde Kaninchen oder pirschende Stubentiger und Füchse. In Waldesnähe sind auch die Hufe von Rehen deutlich zu erkennen. Die frostigen Temperaturen halten das Pflanzenleben im Garten in Dauerschlaf. An milden Tagen wagen sich jedoch Gänseblümchen und Vogelmiere hervor. Und so mancher Winterblüher öffnet schon im Dezember seine Blüten, jedoch nicht alle auf einmal. Das ist eine Art Versicherung für den Fall, dass der Frost urplötzlich zurückkommt. Wildobsthecken sind jetzt noch gut besucht: Drosseln und andere Singvögel putzen die letzten verbliebenen Früchtchen weg und in verwilderten Ecken balgen sich Finken um die allerletzten Samen. Ab Februar werden die Tage wieder länger, und erste Frühlingsboten künden vom baldigen Ende des Winters und dem Beginn des Vorfrühlings: Winterlinge, Schneeglöckchen und Haselsträucher. Die Meisen beginnen schon mit der Balz und tirilieren fröhlich. Hängen Sie darum rechtzeitig Nistkästen für die Höhlenbrüter auf.

STRUKTUREN UND FARBE

Raureif, Frost und Schnee malen Bilder im Garten, die mal bezaubernd, mal bizarr sind. Dafür nutzen die drei winterlichen Gesellen das Pflanzenmaterial, das Sie ihnen zur Verfügung stellen: Fruchtstände in der Staudenrabatte, den Grünkohl im Gemüsebeet, Rasengräser, laublose Gehölze und Immergrüne wie Buchs, Liguster und Nadelgehölze. Letztere bringen dreidimensionale Strukturen in den winterlichen Garten. An einigen Gehölzen wie Schlehe, Liguster, Eberesche, Zierapfel und Wildrose hängen sogar noch leuchtend rote, orange oder schwarze Früchte. Das haben auch die heimischen Standvögel bemerkt, die sich hier noch einen Schub Energie abholen. Und es gibt sogar Blüten im Winter, etwa an den heimischen Stauden Christrose und Schnee-Heide. Ein paar asiatische und nordamerikanische Sträucher verblüffen ebenfalls mit einer extrem frühen Blüte: Zaubernuss, Winter-Jasmin, Duft-Schneeball und Winter-Kirsche. Platzieren Sie diese Sträucher in der Nähe des Gartentors, am Hauseingang oder am Fenster.

Die kleinen roten Früchtchen der Zierapfelsorte 'Red Sentinel' leuchten weithin an trüben Wintertagen – und werden auch von den Vögeln bald entdeckt und verspeist.

Meisenknödel de luxe

Meisenknödel sind Energiefutter pur, denn Hirsekörner, Sonnenblumenkerne und andere Sämereien, Haferflocken, gehackte Nüsse und Trockenfrüchte werden in energiereichen Rindertalg „eingebacken". Den Rindertalg bekommen Sie zum Beispiel beim Metzger. Er ist wie andere tierische Fette energiereicher als pflanzliche Fette und wird von den Vögeln bevorzugt angenommen. Vermengen Sie den geschmolzenen Rindertalg mit der Futtermischung zu gleichen Teilen, zum Beispiel je 150 g, und formen Sie entweder Knödel um eine Kordel oder drücken Sie die Masse in Stieleisformen, Tontöpfe oder Pappbecher, die vorher mit einer Kordel zum Aufhängen versehen wurden.

VÖGEL FÜTTERN

Vor allem bei geschlossener Schneedecke und gefrorenem Boden finden Standvögel wie Meisen, Amseln und Finken kaum noch energiereiche Kost, um die frostigen Tage zu überstehen. Bieten Sie ihnen dann Futter an. Damit die Vögel wissen, wo die Futterstelle ist, können Sie schon ab Ende Oktober zufüttern. Der Futterplatz sollte sauber sein, denn vor allem an gut besuchten Futterplätzen können sich über Kot und Federn Krankheiten ausbreiten. Ideal sind freihängende Futtersilos, aus denen nach und nach das Futter rieselt. Verwenden Sie Qualitätsfutter mit einem ausgewogenen Mix aus Proteinen, Kohlenhydraten und Fett mit möglichst wenigen Weizenkörnern, denn die würden Tauben, Ratten und Mäuse zum Futterhaus locken. Neben vorkonfektioniertem Futter für Meisen und Wildvögel können Sie auch Apfelschnitze, Haferflocken, klein geschnittene Rosinen und gehackte Nüsse aus Ihrer Vorratskammer geben. Hängen oder stellen Sie das Futterhaus so auf, dass die Vögel den Überblick behalten und vor Gefahren sofort fliehen können, zum Beispiel in der Nähe einer Hecke oder eines Strauchs.

Am Futterhaus können Sie einige der häufigsten Gartenvögel aus der Nähe betrachten. Doch ist das Füttern leider kein aktiver Vogelschutz, denn diese Arten haben stabile Populationen und sind nicht gefährdet. Seltenere Arten können Sie nur mit vogelfreundlichen Strukturen im Garten fördern.

DEN WINTER VERSCHLAFEN

Nicht alle Tiere bleiben so aktiv wie die Singvögel. Eichhörnchen etwa legen kurze Schlafphasen ein, ohne ihre Körpertemperatur abzusenken. In Wachphasen suchen sie ihre Vorratslager auf und futtern. Igel, Fledermäuse und Siebenschläfer gehören dagegen zu den echten Winterschläfern und können sich in tage- oder wochenlange Schlafphasen versenken. Dabei senken sie ihre Körpertemperatur und alle Körperfunktionen herab. Wecken Sie diese Murmeltiere möglichst nicht auf, denn jede muntere Stunde kostet sie viel Kraft. Amphibien, Reptilien und Insekten verfallen in eine Winterstarre: Sie passen ihre Körpertemperatur der Umgebungstemperatur an und

Amsel, Blaumeise & Co.

Im sonst so ruhigen winterlichen Garten herrscht reges Treiben am Futterhaus, vor allem in den Morgen- und in den Nachmittagsstunden findet sich hier ein bunter Tross an Gartenvögeln ein. Und je nachdem, welchen Futtermix Sie anbieten, können Sie unterschiedliche Vögel anlocken.

AMSEL

Während das in schlichtem Braun gekleidete Amselweibchen genüsslich am Apfelschnitz pickt, wird es von ihrem schwarzgewandeten Kavalier beschützt, der ganz in der Nähe im Strauch, auf dem Zaun oder auf dem Dach sitzt. Im Winter fressen Amseln Beeren und Äpfel, die noch an den Zweigen hängen, oder suchen im nicht gefrorenen Boden nach Insekten. Geht ihnen das natürlich vorhandene Futter aus, nehmen sie bodennahe Futterstellen an, in denen Haferflocken, gehackte Nüsse und Rosinen angeboten werden.

GRÜNFINK

Grünfinken sind im ausgehenden Winter häufige Besucher, aber nicht von der freundlichen Sorte. Die gedrungenen, grünlich schimmernden Vögel vertreiben rabiat andere, meist kleinere Singvögel von den Futtertrögen. Sie sind nicht wählerisch und futtern Getreidekörner, gehackte Nüsse und Rosinen und Sonnenblumenkerne. Auch im restlichen Jahr sind sie nur auf pflanzliche Kost aus, ganz besonders mögen sie Hagebutten, und füttern auch den Nachwuchs rein vegetarisch.

BLAUMEISE

Die zierlichen Blaumeisen sind meisterliche Artisten. Wenn sie nicht gerade am Meisenknödel entlangturnen, sieht man sie an den dünnsten Zweiglein kopfüber hängen und Samen klauben. Am Futterhaus holen sie sich jeden Sonnenblumensamen einzeln und fliegen damit zurück in die Hecke. Hier picken sie eifrig an der Schale herum, um ans fettreiche Innere zu gelangen. Auch sonst sind die agilen Turner, die im Winter gern in kleinen Trupps auftauchen, auf Fettfutter wie gehackte Nüsse und Hanfsaat aus.

ROTKEHLCHEN

Die auffällig rotbelatzten Feinschmecker können Sie mit in Speiseöl getränkten Haferflocken, gehackten Rosinen und Nüssen und Mehlwürmern ans bodennahe Futterhaus locken. Mit ihrem kleinen Insektenfresserschnabel stöbern sie auch im Winter noch Insekten im Boden auf, solange er nicht gefroren ist. Die Rotkehlchen kommen immer einzeln ans Futterhaus, auch wenn mehrere von ihnen zu den regelmäßigen Futterhausgästen gehören.

FELDSPERLING

Sperlinge oder Spatzen gehören zu den Rabauken an der Futterstelle. Einige Vögel werfen die Körner nach unten, wo sie von den Artgenossen in aller Ruhe aufgepickt werden. Auch andere Vögel profitieren von diesem Gebaren: Heckenbraunellen, Rotkehlchen, Zaunkönige, Buchfinken, Amseln und Tauben. Die geselligen Vögel sind nicht wählerisch und verspeisen Fettfutter, Getreide und andere Saaten, Sonnenblumenkerne und gehackte Rosinen. Die kleineren Feldsperlinge sind mutiger als die größeren Haussperlinge, die erst näher kommen, wenn es ihnen sicher erscheint.

Buchsbaum und Eiben hauchen dem Garten auch im Winter Leben ein.

können wie tot wirken. Lassen Sie auch diese Tierchen in Ruhe wieder munter werden. Ins warme Haus verirrt sich im Herbst so manch Marienkäfer, Florfliege und Schmetterling. Normalerweise suchen sie Schutz in Mauerritzen, Fensterkästen, auf dem kühlen Dachboden oder im Schuppen. Bringen Sie die verirrten Insekten zurück ins Kalte, wo sie wieder erstarren und Energie sparen können.

AUCH DER GÄRTNER KOMMT ZUR RUHE

Er verfällt nicht gleich in Winterschlaf, denn bei frostfreiem Wetter gibt es noch das eine oder andere zu tun. Streichen Sie spätestens zu Beginn des Winters die Stämme Ihrer Obstbäume mit Kalkfarbe ein. Das beugt Frostrissen vor. An frostfreien Tagen können Sie den Winterschnitt an Obst- und Ziergehölzen durchführen. Lichten Sie zu dichte Kronen aus und entfernen Sie sich kreuzende Triebe. Bei Obstgehölzen wird altes Fruchtholz durch neues ersetzt. Vielleicht setzen Sie sogar eine überalterte Hecke auf Stock und kürzen sie um zwei Drittel. Denn jetzt würden Sie die Vögel nicht beim Brüten stören.

Genießen Sie die Auszeit und lassen Sie das Gartenjahr bei einer Tasse heißem Tee Revue passieren. Blättern Sie in Ihren Notizen und passen hier und da etwas in den Beeten und Lebensräumen an. Vielleicht planen Sie auch ein ganz neues Projekt? Stöbern Sie in Pflanzenkatalogen nach neuen Sämereien und Pflanzen für Ihren Garten.

SERVICE

Der phänologische Kalender

Der phänologische Kalender ist in 10 Jahreszeiten unterteilt, denen jeweils bestimmte Leitpflanzen und Leittiere zugeordnet sind.

JAHRESZEIT	UNGEFÄHRER MONAT	LEITPFLANZEN	LEITTIERE
Vorfrühling	Februar bis Ende März	**Blüte** von Schneeglöckchen, Winterling, Haselstrauch, Krokus, Kornelkirsche, Sal-Weide	Rückkehr der Lerchen
Erstfrühling	Ende März bis Mitte April	**Blüte** von Forsythie, Busch-Windröschen, Löwenzahn, Roter Johannisbeere, Stachelbeere, Pflaume, Birne, Kirsche **Laubentfaltung** bei Stachelbeere, Rot-Buche und den meisten anderen heimischen Laubgehölzen	Rückkehr der Schwalben
Vollfrühling	Mitte April bis Ende Mai	**Blüte** von Apfel, Flieder, Rosskastanie, Goldregen, Eberesche, Weißdorn **Laubentfaltung** bei Stiel-Eiche, Hainbuche, Weinrebe und spät austreibenden Laubbäumen	Rückkehr des Kuckucks
Frühsommer	Ende Mai bis Ende Juni	**Blüte** von Schwarzem Holunder, Robinie, Gräsern, Türkischem Mohn, Klatsch-Mohn, Hunds-Rose, Margerite, Weißdorn, Bauernjasmin **reife Früchte** bei frühen Erdbeersorten	Jungvögel werden flügge
Hochsommer	Ende Juni bis Ende Juli	**Blüte** von Sommer-Linde, Lavendel, Madonnen-Lilie, Wegwarte, Wilder Möhre, Beifuß, Weinrebe, Kartoffel **reife Früchte** bei Johannisbeere, Stachelbeere, Süßkirsche	
Spätsommer	Anfang bis Ende August	**Blüte** von Herbst-Anemone, Goldrute, Heide **reife Früchte** bei frühen Apfelsorten, Eberesche, Aprikose, frühen Zwetschgensorten, Felsenbirne	Wegzug der Lerchen
Frühherbst (Altweibersommer)	Anfang bis Mitte September	**Blüte** von Herbst-Zeitlose **reife Früchte** bei Schwarzem Holunder, Kornelkirsche, ersten Birnensorten, Weißdorn, Hagebutte, Brombeere, späten Zwetschgensorten	Wegzug der Schwalben

Vollherbst	Mitte September bis Ende Oktober	**reife Früchte** bei Rosskastanie, Stiel-Eiche, späten Apfelsorten, Quitte, Walnuss **Laubfärbung** gegen Ende der Phase bei den meisten Laubgehölzen **Laubfall** bei Süßkirsche, Zwetschge, Rot-Buche	
Spätherbst	Mitte Oktober bis Anfang Dezember	**Laubfärbung** bei Stiel-Eiche **Fruchtfall** bei Stiel-Eiche **Laubfall** bei Eberesche und den meisten anderen Laubgehölzen	Gehäuse-schnecken deckeln sich ein
Winter	Dezember bis Februar	**Laubfall** bei Stiel-Eiche, Europäischer Lärche **Blüte** von Zaubernuss, Winter-Jasmin	

Empfehlenswerte Pflanzen

Heckengehöze

Diese heimischen Gehölzarten sind gut für Hecken geeignet.
Die mit * markierten Arten liefern wertvolles Wildobst.

ART	BLÜTEZEIT	FRUCHTREIFE	EIGENSCHAFTEN
Brombeere *Rubus fructicosus**	Juni bis August	Juli bis November	Strauch, bis 2 m hoch, kriechend, dickichtartig, dornig, anspruchslos
Eberesche *Sorbus aucuparia**	Mai bis Juni	ab August	Strauch, bis 2 m hoch, kriechend, Kleinbaum, 5–15 m hoch, anspruchs-los, Sorten erhältlich
Faulbaum *Frangula alnus,* *Syn. Rhamnus frangula*	Mai bis August	Juli bis November	Strauch, bis 3 m hoch, stickstoffarmer, feuchter bis nasser, saurer Boden
Hasel *Corylus avellana**	ab Februar	September bis Oktober	Strauch, 3–6 m, anpassungsfähig
Himbeere *Rubus idaeus**	Mai bis August	Juli bis September	Strauch, 1–2 m hoch, leicht besta-chelt, stickstoffreicher Boden
Kornelkirsche *Cornus mas**	Februar bis März	August bis Oktober	Strauch, 2–6 m, anspruchslos

Pfaffenhütchen *Euonymus europaeus*	Mai bis Juni	August bis Oktober	Strauch, 2–4 m hoch, nährstoffreicher, frischer bis feuchter Boden. Die Früchte der Pfaffenhütchen sind die Leibspeise von Rotkehlchen.
Schlehe *Prunus spinosa** (siehe Foto)	April	September bis Oktober	Strauch, 2–3 m hoch, dickichtartig, dornig, trockener, kalkreicher Boden, warme Lage
Schwarzer Holunder *Sambucus nigra**	ab Ende Mai	ab August	Strauch, 2–7 m hoch, frische bis feuchte Böden, Sorten erhältlich
Trauben-Holunder *Sambucus racemosa**	Mai bis Juni	ab August	Strauch, 3–4 m, kalkarmer, frischer, nährstoffreicher Boden
Weißdorn *Crataegus monogyna**	Mai	September bis Oktober	Strauch, 3–5 m hoch, dornig, nährstoffreicher Boden
Wild-Apfel *Malus sylvestris**	Mai	ab September	Strauch oder kleiner Baum, 3–10 m hoch, dornig, nährstoffreicher, kalkhaltiger Boden
Wild-Birne *Pyrus pyraster*	April bis Juni	ab September	Baum, über 15 m hoch, nährstoffreicher, kalkhaltiger Boden, warme Lage
Wildrose **Rosa-Arten***	Mai bis Juni	August bis November (je nach Art)	Strauch, bis 3 m hoch, dornig, dickichtartig, lehmige, kalkreiche Böden

Unterwasserpflanzen für den Teich

Diese Teichpflanzen leben ganzzeitig untergetaucht im Wasser.

NAME	BLÜTEZEIT	WASSERTIEFE
Wasser-Dickblatt *Crassula aquatica*	Juli bis August	0 bis −30 cm
Flutendes Lebermoos *Riccia fluitans*	keine Blüten	0 bis −40 cm
Sumpf-Wasserstern *Callitriche palustris*	Mai bis September	0 bis −40 cm
Wasser-Hahnenfuß *Ranunculus aquatilis*	Juni bis August	−2 bis −20 cm
Wasserfeder *Hottonia palustris*	Mai bis Juni	−10 bis −30 cm
Zwerg-Laichkraut *Potamogeton pusillus*	Juli bis August	−20 bis −40 cm
Wirtelförmige Grundnessel *Hydrilla verticillata*	Juli bis August	−20 bis −100 cm
Gewöhnlicher Wasserschlauch *Utricularia vulgaris*	Juli bis August	−30 bis −50 cm
See-Brachsenkraut *Isoetes lacustris*	Juli bis August	−30 bis −50 cm
Krebsschere *Stratiotes aloides*	Mai bis Juni	−30 bis −80 cm
Krauses Laichkraut *Potamogeton crispus*	Juli bis August	−30 bis −100 cm
Raues Hornblatt *Ceratophyllum demersum*	Juni bis Juli	−30 bis −100 cm
Glänzendes Laichkraut *Potamogeton lucens*	Juli bis August	−30 bis −100 cm
Quirliges Tausendblatt *Myriophyllum verticillatum*	Juni bis August	−30 bis −100 cm

Schwimm- und Schwimmblattpflanzen

Ihre Blätter schweben auf dem Wasser, ihre Wurzeln sind teils im Teichboden verankert, teils hängen sie im Wasser herab.

NAME	BLÜTEZEIT	WASSERTIEFE
Kleine Wasserlinse *Lemna minor*	April bis Mai	0 bis –100 cm
Europäischer Froschbiss *Hydrocharis morsus-ranae*	Juni bis August	–10 bis –50 cm
Schwimmendes Laichkraut *Potamogeton natans*	Juni bis August	–20 bis –50 cm
Kleine Teichrose *Nuphar pumila*	Juni bis Juli	–20 bis –100 cm
Seekanne *Nymphoides peltata*	Juni bis September	–20 bis –100 cm
Wasser-Knöterich *Persicaria amphibia*	Juni bis September	–30 bis –100 cm
Wassernuss *Trapa natans*	Juni bis August	–40 bis –100 cm
Gelbe Teichrose *Nuphar lutea*	Mai bis Juli	–50 bis –200 cm
Weiße Seerose *Nymphaea alba*	Juni bis September	ab –70 cm

Sumpf- und Uferpflanzen

Am Uferrand fühlen sich diese Arten wohl. Sie stehen gern mit den Wurzeln im dauer- oder wechselfeuchten Boden.

NAME	BLÜTEZEIT	WASSERTIEFE
Kuckucks-Lichtnelke *Silene flos-cuculi*	März bis Mai	0 cm
Wollgras *Eriophorum*	April bis Mai	0 bis –5 cm
Sumpf-Dotterblume *Caltha palustris*	April bis Mai	–5 bis –10 cm
Kriechender Günsel *Ajuga reptans*	April bis August	0 cm

Sibirische Schwertlilie *Iris sibirica*	Mai bis Juni	0 bis –5 cm
Gelbe Schwertlilie *Iris pseudacorus*	Mai bis Juni	0 bis –20 cm
Pfennigkraut *Lysimachia nummularia*	Mai bis Juli	0 bis –5 cm
Fieberklee *Menyanthes trifoliata*	Mai bis Juni	–5 bis –10 cm
Schlangenwurz, Sumpf-Calla *Calla palustris*	Mai bis Juni	–5 bis –10 cm
Tannenwedel *Hippuris vulgaris*	Mai bis Juni	–10 bis –30 cm
Aufrechter Igelkolben *Sparganium erectum*	Juni bis August	0 bis –20 cm
Gewöhnliches Pfeilkraut *Sagittaria sagittifolia*	Juni bis August	0 bis –20 cm
Blut-Weiderich *Lythrum salicaria*	Juni bis September	0 bis –20 cm
Rohrkolben *Typha*	Juni bis August	bis –20 cm
Schwanenblume *Butomus umbellatus*	Juni bis August	–5 bis –30 cm
Echtes Mädesüß *Filipendula ulmaria*	Juli bis August	0 bis –3 cm
Sumpf-Vergissmeinnicht *Myosotis scorpioides*	Juni bis September	0 bis –5 cm
Gewöhnlicher Gilbweiderich *Lysimachia vulgaris*	Juli bis August	0 bis –10 cm
Wasser-Minze *Mentha aquatica*	Juli bis September	0 bis –10 cm
Gewöhnliches Schilf *Phragmites australis*	Juli bis September	0 bis –30 cm

Bezugsquellen

BLUMENWIESENMISCHUNGEN

- **Hof Berg-Garten**
  Lindenweg 17
  79737 Herrischried
  www.hof-berggarten.de
- **Rieger-Hofmann**
  In den Wildblumen 7–13
  74572 Blaufelden-Raboldshausen
  www.rieger-hofmann.de
- **Syringa Kräutergärtnerei**
  Untere Gräben
  78247 Hilzingen-Binningen
  www.syringa-pflanzen.de

SCHOTTERRASEN UND FUGEN-PFLANZENMISCHUNGEN

- **Appels Wilde Samen**
  Brandschneise 2
  64295 Darmstadt
  www.appelswilde.de
- Auch bei **Gärtnerei Strickler** und **Hof Berg-Garten** (Adressen siehe Blumenwiesenmischungen und Hecken)

PAKETE FÜR HECKEN UND HECKENSAUM

- **Rosenhof Schultheis**
  Bad Nauheimer Straße 3
  61231 Bad Nauheim
  www.rosenhof-schultheis.de
- **Gärtnerei Strickler**
  Wormser Straße 78
  55232 Alzey
  www.gaertnerei-strickler.de

Zubehör

GERÜSTSYSTEME UND AUSWAHLHILFE FÜR FASSADENBEGRÜNUNG

- **Fassadengrün**
  Brandiser Straße 69
  04316 Leipzig
  www.fassadengruen.de

DACHBEGRÜNUNG

- **ZinCo**
  Lise-Meitner-Straße 2
  72622 Nürtingen
  www.zinco.de

WEIDENRUTEN ZUM FLECHTEN

- **re-Natur**
  Charles-Roß-Weg 24
  24601 Ruhwinkel
  www.re-natur.de
- **freitag WeidenArt**
  Feldfahrt 2a
  85354 Freising
  www.freitag-weidenart.com

Internet-Tipps

EINE AKTUELLE LISTE ZU DEN INVASIVEN NEOPHYTEN FINDEN SIE UNTER:

- **Bundesamt für Naturschutz**
  www.neobiota.bfn.de

VIEL WISSENSWERTES RUND UM DIE HEIMISCHE TIER- UND PFLANZENWELT:

- **NABU – Naturschutzbund Deutschland**
  www.nabu.de
- **LBV – Landesbund für Vogel- und Naturschutz in Bayern**
  www.lbv.de

Zum Weiterlesen

- Faßmann, Natalie:
  Auf gute Nachbarschaft: Mischkultur im Garten.
  pala verlag, 2020.
- Faßmann, Natalie:
  Beinwelljauche, Knoblauchbrühe & Co.
  pala verlag, 2019.
- Germain, Lydia/Rimpau, Jasper:
  Kompost aus der Kiste.
  Verlag Eugen Ulmer, 2021.
- Hilgenstock, Fritz/Witt, Reinhard:
  Das Naturgarten-Baubuch.
  Callwey Verlag, 2003.
- Langheineken, Jutta und Weinrich, Christa:
  Schwester Christas Mischkultur.
  Verlag Eugen Ulmer, 2016.
- Oftring, Bärbel:
  Wird das was oder kann das weg?
  Frankh-Kosmos Verlag, 2020.
- Schwarzer, Elke:
  Heimische Pflanzen für den Garten.
  Verlag Eugen Ulmer, 2022.
- Schwarzer, Elke:
  Mein Bienengarten.
  Verlag Eugen Ulmer, 2020.
- Windsperger, Ulrike
  Handbuch Permakultur.
  Verlag Eugen Ulmer, 2019.

Der Naturgarten von A–Z

BILDQUELLEN

Adobe Stock/galam: S. 110/111

Botanikfoto: Friederike Take: S. 33, 56; Hans-Roland Müller: S. 144; Heinz Hauser: S. 77, 88 l.; Steffen Hauser: S. 11, 17, 23, 30, 35 o., 43 l., 43 r., 54, 67, 83, 85 l., 88 r., 119

Flora Press: Christine Ann Föll: S. 1, 104, 122; Evi Pelzer: S. 82; FocusOnGarden/ Rothe: S. 141; GWI: S. 113; Ian Thwaites: S. 19; Jacques Durand: S. 27; Kramp + Gölling: S. 137 o.; MAP: S. 107; Meyer-Rebentisch: S. 130; Nicole et Patrick Mioulane: S. 80; Otmar Diez: S. 90; Redeleit&Junker/L.Redeleit: S. 78; Royal Horticultural Society: S. 64; Tomek Ciesielski: S. 118; Ute Klaphake: S. 70, 95

Hecker, Frank: S. 15, 44, 47 o., 47 Mi., 59 Mi., 59 u., 72 u., 73 o., 74, 102 o., 102 u., 103 o., 136; Heiko Bellmann: S. 51, 127 r.

mauritius images: S. 20, 25, 26 r., 26 l. o., 26 u., 37, 38 u., 39 o., 39 Mi., 39 u., 46 o., 47 u., 52 r., 59 o., 71, 73 u., 84, 85 r., 93, 115, 128, 135, 137 u., 146 o.

Noun Project: Icon auf Umschlag

Shutterstock.com: Afitzy: S. 133 r.; Aleksandar Grozdanovski: S. 87; AlekseyKarpenkoy: S. 58 o.; Anastasia Badmaevay: S. 9 l.; Anastasiia Malinichy: S. 52 l.; Anton Kozyrev: S. 103 Mi.; Beneda Miroslavy: S. 58 u.; benik.at: S. 4; Bidruy: S. 146 u.; Bildagentur Zoonar GmbH: S. 60/61; bmarya83: S. 103 u.; CLICKMANIS: S. 86; davemhuntphotography: vordere Klappe innen (Steinkauz); Denis Pogostin: S. 92; Digoarpi: S. 152; DJTaylory: S. 46 u.; Dmitriy Divanovy: S. 24; Domnitsky: S. 8; Eagle-Eyesy: S. 40; Filip Rejman: S. 76; Florian Andronachey: S. 138; Funnyangely: S. 10; Gucio_55: vordere Klappe innen (Langohr); Hintau Aliakseiy: S. 50; Ian Dyball: S. 149; Ion Sebastian: S. 41; Jan Mikoy: S. 73 Mi.; Jausay: S. 147 o.; Jeff Baumgart: S. 127 l.; Jgadey: S. 147 u.; John Navajo: vordere Klappe innen (Gartenrotschwanz); Jolanda Aalbers: vordere Klappe innen (Marienkäfer); Jopelkay: S. 14 l.; Juraj Kovacy: S. 38 o.; k_samurkasy: S. 9 r.; Kingcrafty: S. 140 l.; Klagyivik Viktory: S. 63; Kucharski / K. Kucharskay: S. 35 u.; l i g h t p o e t: S. 6/7; Le Doy: S. 36; Lorna Roberts: S. 21; Lynsey Grosfield: vordere Klappe innen (Holzbiene); Mageon: S. 81; Manfred Ruckszio: S. 14 r., 42; Marco Ulianay: S. 32; Marek R. Swadzbay: S. 72 o.; Marion Kraschl: S. 131; Martina Willnery: S. 143 r.; MF Photo: vordere Klappe innen (Hirschkäfer); mikumistocky: S. 139; Miroslav Hlavko: vordere Klappe innen (Siebenschläfer); NataliSel: Titelbild; Nattikay: S. 116; O_Schmidty: S. 53, 133 l., 145; Peter Turner Photographyy: S. 140 r.; photobarsy: S. 143 l.; Picture-partnersy: S. 123 r.; Potapov Alexander: S. 96 r.; pply: S. 22; Rob kempy: S. 147 Mi.; Roman Peleshy: S. 96 l.; ronstik: S. 114; Rosa Jayy: S. 132; Rudmer Zwervery: S. 62; Shelli Jensen: S. 49; Simone Andress: S. 123 l.; Slavica Stajic: S. 101; TatsianaDy: S. 68; tazzymotoy: S. 148; Tomsickova Tatyana: S. 106; Tsekhmister: S. 112; vdimage: S. 75; Yuliya Evstratenko: vordere Klappe außen

Alle Zeichnungen fertigte Johannes-Christian Rost nach Vorlagen der Autorin.

IMPRESSUM

Die in diesem Buch enthaltenen Empfehlungen und Angaben sind von der Autorin mit größter Sorgfalt zusammengestellt und geprüft worden. Eine Garantie für die Richtigkeit der Angaben kann aber nicht gegeben werden. Autorin und Verlag übernehmen keine Haftung für Schäden und Unfälle. Bitte setzen Sie bei der Anwendung der in diesem Buch enthaltenen Empfehlungen Ihr persönliches Urteilsvermögen ein. Der Verlag Eugen Ulmer ist nicht verantwortlich für die Inhalte der im Buch genannten Websites.

Anmerkung zur Schreibweise (Gendering):
Gendergerechtigkeit und Inklusion sind bei uns gelebte Praxis – bei der Auswahl unserer Themen, bei der Recherchearbeit, in der Gestaltung. Unsere Texte meinen alle. Damit unsere Inhalte jedoch gut lesbar bleiben, verzichten wir in diesem Werk auf die jeweilige Mehrfachnennung oder Anpassung der Schreibweise bestimmter Bezeichnungen an die weibliche, männliche oder diverse Form.

Bibliografische Information der Deutschen Nationalbibliothek
Die Deutsche Nationalbibliothek verzeichnet diese Publikation in der Deutschen Nationalbibliografie; detaillierte bibliografische Daten sind im Internet über http://dnb.d-nb.de abrufbar.

Wollgrasweg 41, 70599 Stuttgart (Hohenheim)
E-Mail: info@ulmer.de
Internet: www.ulmer.de
Lektorat: Antje Krause, Doris Kowalzik
Herstellung: Stephanie Haun
Umschlaggestaltung: siegel konzeption | gestaltung, Stuttgart
Musterlayout: Antje Warnecke, nordendesign.de
Satz: Gerhard Junker, www.redsign.de, Stuttgart
Druck und Bindung: Pustet, Regensburg
Printed in Germany

ISBN 978-3-8186-1630-4